AI 디자인과 장소 만들기

인공지능총서

인공지능 시대입니다. 기계가 인간의 인지를 대신하고, 사물이 인간을 통하지 않고 다른 사물과 직접 커뮤니케이션합니다. 이에 따른 인간 삶과 문명 변화를 정확히 이해 · 예측 · 대응하는 것은 이 시대 우리 모두의 과제입니다. 인공지능총서는 인공지능 기술과 환경의 여러 주제를 10가지 키워드로 정리합니다. 관련 개념과 이론, 학계와 산업계의 쟁점, 우리 일상의 변화를 다룹니다. 인간과 기술의 현재, 미래를 세심히 분석합니다.

일러두기

- 인명, 작품명, 저서명, 개념어 등은 한글과 함께 괄호 안에 해당 국가의 원어를 병기했습니다.
- 외래어 표기는 현행 어문규정의 외래어표기법을 따랐습니다. 다만 '젠킨스' 등은 관행을 따랐습니다.

처음이세요?

전문가세요?

AI 디자인과 장소 만들기

박신희

대한민국, 서울, 커뮤니케이션북스, 2025

AI 디자인과 장소 만들기

지은이 박신희
펴낸이 박영률

초판 1쇄 펴낸날 2025년 9월 30일

커뮤니케이션북스(주)
출판 등록 2007년 8월 17일 제313-2007-000166호
02880 서울시 성북구 성북로 5-11
전화(02) 7474 001, 팩스(02) 736 5047
commbooks@commbooks.com
www.commbooks.com

ISBN 979-11-430-0771-1 03500

책값은 뒤표지에 표시되어 있습니다.

차례

AI 시대의 장소 만들기

현대 도시 공간과 장소는 더 이상 단순한 물리적 실체가 아니라, 디지털과 아날로그가 융합된 복합적 경험의 장으로 급속히 진화하고 있다. 물리적 공간과 가상 공간의 경계가 흐려지고, 인간과 기술의 상호작용이 일상화된 오늘날, 장소 만들기(Place-making)의 패러다임 또한 근본적인 변화를 맞이하고 있다. 이러한 변화의 중심에서 인공지능(AI)은 장소 경험의 방식을 재정의하고, 장소 만들기에 새로운 가능성을 제시하고 있다.

앙리 르페브르는 《공간의 생산》에서 "사회적 공간" 개념을 제시하며, 공간을 단순한 물리적 배경이 아니라 사회적 관계와 실천, 권력, 일상 경험이 복합적으로 얽혀 만들어지는 산물로 보았다. 그가 말하는 사회적 공간은 세 가지 특징을 지닌다. 첫째, 공간은 인간의 활동과 사회적 실천, 권력관계 등에 의해 구성되고 변화하는 사회적 관계의 산물이다. 둘째, 공간은 단일하지 않으며, 다양한 층위와 의미, 기능을 지닌 복수의 공간이 중첩되어 존재한다. 셋째, 이들 다양한 공간은 상호작용하며, 사회적 실천과 경험 속에서 결합해 새로운 의미와 구조를 만들어 낸다. 즉, 르페브르에게 공간은 건물이나 도로 같은 고정된 물질이 아니라, 물리적 사물들 사이를 매개하는 인간의 활동과 그로부터 발생하는 사회적 관계·실천의 복합적 총체다. 따라서 공간은 단순한 사물의 집합이 아니라, 다양한 사회집단의 힘과 이해관계, 일상의 행위와 경험이 상호작용하며 끊임없이 협상·경합·재구성되는 사회적 관계망의 구조로 이해되어야 한다. 이런 관점에서 그는 공간을 '사회적 관계들의 총체'이자 '복합적 실천의 장'으로 설명한다.

르페브르의 이러한 관점은 공간 이해에 중요한 전환점을 제공했다. 공간을 단순한 배경이나 고정된 것이 아닌, 사회적 실천과 권력관계, 그리고 사람들의 일상적 경험이 복합적으로 얽혀 만들어지는 산물로 보게 된 것이다. 이러한 시각은 도시 계획이나 건축 설계에서 물리적 구조만이 아니라, 그 공간이 놓인 사회적 맥락과 관계까지 함께 고려해야 함을 시사한다.

장소 만들기에서 인간중심 디자인의 필요성

AI 시대의 장소 만들기에서 인간 중심 디자인(Human-Centered Design) 접근법은 단순히 선택의 문제가 아니라, 사람들의 삶의 질을 향상하고 세상을 더 나은 곳으로 만들기 위한 필수적 요구 사항이다. 이는 다음과 같은 이유에서 비롯된다.

첫째, AI의 알고리즘적 편향성 문제에 대응할 수 있기 때문이다. AI 시스템은 기본적으로 데이터 기반의 패턴 인식과 최적화에 의존하는데, 이 과정에서 인간의 다양성과 개별성이 평균화되거나 획일화될 위험이 크다. 인간 중심 디자인은 이러한 기술적 한계를 인지하고, 개인의 고유한 경험과 문화적 맥락을 보다 잘 반영할 수 있도록 돕는다. 특히 소수자나 취약 계층의 공간적 요구가 배제되지 않도록 하는 포용적 디자인을 실현하는 데 중요한 역할을 할 수 있다.

둘째, 이러한 접근은 기술 종속성을 완화하고 인간의 주체성을 강화하는 데 중요한 역할을 할 수 있다. AI 기술이 고도화될수록 인간이 기술에 지나치게 의존해 수동적 소비자가 될 위험이 커지지만, 인간 중심 디자인은 실제 사용자의 의견과 경험을 설계 과정에 적극적으로 반영하고, 개개인의 선호와 맥락에 맞춘 맞춤형 경험을 제공할 수 있다. 또 사용자가 시스템의 주요 기능이나 환경을 직접 조정할 수 있는 선택권을 보장하며, 반복적이거나 단순한 작업을 자동화해 사용자가 더 창의적이고 의미 있는 활동에 집중할 수 있도록 지원할 수 있다.

이러한 설계 방식은 기술이 인간의 창의성과 자율성을 지원할 수 있게 하며, 사용자가 공간의 의미와 활용에 적극적으로 참여하고 영향을 미칠 수 있도록 한다. 이는 르페브르가 '공간의 사회적 생산'에서 강조한 인간의 주체적 역할, 즉 공간을 단순히 소비하는 존재가 아니라 능동적으로 만들어 가는 주체로서의 인간상을 오늘날의 기술 환경에서 구현하려는 시도로 볼 수 있다.

셋째, 정서적 웰빙과 사회적 연결성의 증진이다. 디지털 기술의 발전으로 인간관계의 소외와 단절이 심화하는 현실에서, 인간 중심 디자인은 기술을 매개로 사용자의 감정과 상호작용을 고려하여, 보다 의미 있는 만남과 공감이 이루어질 수 있는 환경을 조성하는 데 기여할 수 있다. AI가 개인의 감정 상태와 사회적 맥락을 이해하고 이에 적합한 공간 경험을 제공할 때, 장소는 단순한 기능적 공간을 넘어 치유와 회복, 그리고 소통의 장으로 발전할 가능성이 있다.

넷째, 문화적 다양성과 지역성의 보존 가능성이다. 글로벌 AI 플랫폼의 확산으로 인해 장소의 획일화가 우려된다는 지적이 존재한다. 실제로 생성형 AI 도구와 글로벌 플랫폼이 동일한 알고리즘과 데이터셋을 적용할 때,

디자인과 서비스 경험이 점차 표준화되고 개성이 축소되는 현상이 관찰되고 있다. 한 디자인 스튜디오에서 생성형 AI를 도입한 이후 팀의 콘셉트가 점차 미드저니(Midjourney)의 특징적인 미학(광택 있고 초세부적인 스타일)에 편향되는 경향이 나타났으며, 이는 창의적 다양성의 감소와 스타일의 획일화로 이어질 수 있다는 분석이 제기된다.

AI 도구가 디자인 실무를 단순히 보조하는 수준을 넘어, 결과물을 실제로 형성한다는 점은 주목할 만하다. 연구에 따르면 스테이블 디퓨전(Stable Diffusion)과 같은 생성형 AI는 디자이너가 익숙한 스타일에만 머무르는 '디자인 고착(Design fixation)' 현상을 완화하는 데 활용될 수 있다. 예컨대, 지속 가능성을 강조하는 기업이 친환경 건축물 디자인에 특화된 AI 모델을 학습시키면, 기존과는 다른 새로운 미학과 스타일을 제안받을 수 있다. 이 과정에서 기업은 자사의 창의적 정체성을 건축물 디자인에 적극 반영하게 된다(김은영, 2025). 이에 인간 중심 디자인 관점에서 각 지역과 공동체의 고유한 문화·역사를 AI 시스템에 반영할 필요성이 제기된다. 실제로 농촌 지역에서는 생성형 AI를 활용해 고령층 문화활동을 지원하거나, 주민 참여형 예술 테마 마을을 조성하는 사례가 나타나고 있다. 이러한 시도들은 사용자 참여와 지역 맥락 존중이라는 측면에서 인간 중심 디자인의 원칙과 닿아 있다. 결국 인간 중심 디자인은 AI를 문화적 동질화를 촉진하는 도구가 아니라 다양성을 존중·확장하는 매체로 전환할 가능성을 높일 수 있다.

다섯째, 지속 가능한 참여와 공동 창조(Co-Creation) 실현이다. 인간 중심 디자인은 사용자를 단순한 소비자가 아닌 공동 창조자로 인식하며, AI 기술을 통해 더 많은 사람들이 장소 만들기 과정에 참여할 수 있는 도구와 플랫폼을 제공한다. 특히 AI 기반 플랫폼은 시민의 의견을 수집하고, 이를 정책과 공간 설계에 반영하는 과정을 효율적으로 지원함으로써, 민주적 공간 거버넌스와 참여형 도시 계획의 실현을 가능하게 한다(서울신문, 2025). 실제로 안산시를 비롯한 여러 지자체에서는 AI와 빅데이터를 활용해 시민 의견을 체계적으로 수렴하고, 이를 도시 정책과 서비스 개선에 반영하는 스마트 행정 시스템을 도입하고 있다. 이는 민주적 공간 거버넌스와 참여형 도시 계획의 실현을 위해 필수적이다. 그러나 모든 기술적 참여가 곧바로 의미 있는 공동 창조로 이어지지는 않으므로, 사회적 포용성과 투명한 의사 결정 구조를 함께 구축하는 노력이 병행되어야 한다. 이는 디지털 격차 해소와 다양한 시민의 목소리를 반영하는 거버넌스 체계 마련이 동시에 중요하다는 점을 시사한다.

이러한 맥락에서, 인간 중심적 접근에 기반한 트랜스미디어 스토리텔링 연구는 다양한 사회 구성원의 목소리와 경험을 효과적으로 수렴하고 공유할 수 있는 새로운 방법론을 제시한다. 특히, 르페브르의 사회 공간 이론을 현대 미디어 환경과 접목함으로써, AI 시대에 기술과 인간, 그리고 장소가 조화롭게 상호작용하며 통합되는 방안을 모색한다. 오늘날의 장소는 물리적 공간을 넘어, 역사적 맥락을 품으면서도 과거와 현재, 미래가 공존하고, 세계의 다양한 인종과 문화가 혼재하는 복합적 성격을 띤다. 이런 관점에서 장소는 기술과 인간, 그리고 사회의 상호작용이 끊임없이 재구성되는 역동적인 장(場)으로 이해할 수 있다.

이 책은 현대 장소 개념의 변화에서 출발하여, AI 시대에 요구되는 새로운 장소성 개념을 고찰한다. 나아가 스마트 시티와 공공 디자인에서의 AI 활용, 트랜스미디어 스토리텔링과 AI의 융합, AI 기반 몰입형 경험 디자인, 게임화와 도시 공간 혁신, 공동 창조 공간 설계, 가상현실(Virtual Reality, VR)과 확장현실(Extended Reality, XR)의 디자인 전략, 그리고 AI 기반 대안적 장소 만들기 시스템 등 다양한 주제를 입체적으로 탐구한다. 각 장에서는 이론적 논의와 더불어, 실제 현장에서의 적용 사례와 경험을 함께 다루어 실질적 가능성과 한계, 그리고 현장의 목소리를 균형 있게 제시한다. 이 모든 영역에서 인간 중심 디자인의 원리는 기술 구현의 방향성을 제시하며, 기술과 감성, 물리와 디지털, 개인성과 공동체성을 연결하는 핵심 철학으로 작동한다.

르페브르가 말한 '차이의 공간'—자본주의적 추상화와 균질화에 저항하는 창조적이고 다양한 공간의 생산 개념—은 AI 시대에 더욱 중요한 이론적 의미를 갖는다. 인공지능 기술은 도시 공간의 경험을 통제 가능한 형태로 전환하는 잠재력을 지니는 동시에, 맞춤화, 참여, 연결성, 창의성 등의 새로운 가능성도 품고 있다. 인간 중심 디자인은 AI 기술이 지닌 이중적 잠재성 가운데, 사용자 참여를 바탕으로 감성적이고 창의적인 공간 경험을 구현할 수 있는 사용자 경험 중심의 체계적 설계 접근을 제시한다. 이는 기술과 인간, 장소 간의 복합적 관계 속에서 효율성과 상상력의 균형을 조율하는 핵심 개입점으로 작용하며, 참여성과 공감, 그리고 맥락에 기반한 공간을 실현하는 데 중요한 토대를 제공한다.

물론, 인간 중심적 접근과 AI 기술의 결합이 언제나 이상적으로 작동하는 것은 아니다. 기술 도입 과정에서는 데이터 편향, 디지털 격차, 참여의 실효성, 사회적 · 윤리적 한계 등 다양한 쟁점이 발생할 수 있다. 따라서 이러한 기술의 잠재력을 실현하기 위해서는 비판적 시각과 함께, 실제 현장에서 나타나는 한계와 과제를 면밀히 점검하고, 포용적이며 투명한 거버넌스 체계를 구축하려는 노력이 병행되어야 한다. 이처럼 이론과 실제, 기회와 제약, 기술적 가능성과 사회적 책임을 동시에 고려하는 균형 잡힌 접근은, AI 시대의 장소 만들기에서 기술과 인간의 조화로운 통합을 실현하는 핵심 기반이 될 것이다.

트랜스미디어 스토리텔링과 장소성 확장

트랜스미디어 스토리텔링은 하나의 서사를 다양한 매체와 플랫폼을 통해 확장하는 서사 방식으로, 각 매체는 독립적인 콘텐츠를 제공하면서도 전체 이야기를 구성하는 유기적 요소로 작동한다. 이 방식은 게임, 영화, 소셜미디어, 웹툰, VR 등 이질적인 플랫폼 간의 연결을 통해 이야기를 다층적으로 확산시키며, 수용자의 몰입과 참여를 유도한다. 이러한 사용자 경험은 장소에 대한 인식과 감정적 애착을 자연스럽게 형성하고 확장하는 기반이

된다.

트랜스미디어 스토리텔링과 AI의 융합은 장소 만들기의 새로운 가능성을 제시한다. 장소-인간-미디어 간의 상호작용적 관계를 중심으로, 앙리 르페브르의 공간 삼항변증법(공간적 실천, 공간의 재현, 재현된 공간)을 현대적 맥락에서 재해석함으로써, 수평적이고 열린 구조의 공간 시스템으로 발전할 수 있다. 이는 단일 공간이나 미디어에 국한되지 않고, 현실과 가상을 넘나드는 다양한 플랫폼을 통합하여 장소성의 의미를 다층화하는 데 기여한다.

특히 이러한 융합은 AI 에이전트(Agent) 기술과 결합될 때 더욱 강력한 효과를 발휘한다. 최근 슈미트갈 등의 에이전트 실험실(Agent Laboratory) 연구(Schmidgall et al., 2025)에서 확인되듯, AI 에이전트는 단순한 자동화 프로그램을 넘어 스스로 목표를 설정하고 환경을 인식하며 자율적으로 판단·행동하는 지능형 시스템으로 진화하고 있다(최재운, 2025). 이들은 사용자와의 지속적인 상호작용을 통해 감정·취향·행동 패턴을 학습하고, 이를 바탕으로 상황에 맞는 의사 결정을 내리고 창의적 반응을 실시간으로 나타낸다. 예컨대 여러 AI 에이전트가 문헌 조사, 실험 설계·수행, 결과 분석, 논문 작성까지 복합적인 연구 과정에서 역할 분담과 정보 교환을 통해 협업하는 모습이 실제로 구현되고 있다.

AI 에이전트가 사용자의 요구와 맥락을 빠르게 감지해 서사 조각을 생성하고, 앞뒤 흐름을 실시간으로 조율함으로써 인간과 인공지능이 함께 창의적 결과물을 만드는 서사-중심 협업 모델이 확산되고 있다. 에이전트 실험실 연구에서는 AI가 문헌 조사, 실험, 초안 작성까지 맡고, 연구자는 기획과 윤리 · 검수에 집중한다. 창작 · 미디어 분야에서 현재 넷플릭스(Netflix)는 관객 데이터를 활용해 콘텐츠 추천, 섬네일 이미지 선정, 흥행 예측 등 다양한 맞춤형 서비스를 제공하고 있다. 이러한 맞춤형 추천과 생성형 AI 기반의 인터페이스 혁신은, 사용자가 자신의 감정이나 순간적인 관심사에 따라 자연어로 콘텐츠를 탐색하고, 더 직관적이고 몰입감 있는 시청 경험을 누릴 수 있도록 지원한다.

트랜스미디어 스토리텔링과 AI 기술을 활용하면, 영화, 드라마, 웹툰, 게임 등 다양한 미디어와 플랫폼에서 하나의 큰 이야기 세계가 여러 방식으로 펼쳐질 수 있다. 예를 들어, 영화 속 주인공의 이야기가 웹툰에서는 조연의 시점으로, 게임에서는 또 다른 미션으로 이어지는 식이다. 여기에 AI가 사용자의 취향이나 상황을 파악해 맞춤형 경험을 제공하면, 사용자는 단순히 콘텐츠를 보는 것에서 그치지 않고, 원하는 순서로 이야기를 탐색하거나, 직접 캐릭터와 대화하거나, 가상 공간에서 이야기를 체험하는 등 더욱 적극적으로 이야기 세계에 참여할 수 있다.

이처럼 다양한 미디어와 AI 기술이 결합되면, 콘텐츠를 만드는 과정도 각각의 상황과 맥락에 맞게 유연하게 바뀌어, 사용자에게 더욱 몰입감 있고 개인화된 경험을 제공할 수 있게 된다. 결국, 이야기가 펼쳐지는 '장소'는 단순한 배경이 아니라, 사용자와 상호작용하며 정서적 유대를 형성하는 참여적 경험의 '장(場)'으로 진화한다.

AI 기반 경험 디자인과 장소성의 재정립

장소성은 단순히 물리적 공간이 아니라, 인간의 경험과 인식, 그리고 사회 · 문화적 의미가 더해져 특정 공간이 특별한 가치와 정체성을 갖게 되는 성질을 의미한다. 백선혜는 장소를 "자연적 · 인문적 요소가 상호작용하는 종합적 실체"로 보며, 장소성이란 한 장소에 대해 사람들이 반복적 경험과 애착을 통해 인지하게 되는 고유하고 차별적인 특성이라고 설명한다. 즉, 장소성은 공간에 대한 인간의 체험, 의미 부여, 정서적 연결이 축적되어 나타나는 결과로, 물리적 환경을 넘어서 공동체의 문화적, 역사적, 상징적 요소를 포괄하는 개념이다(백선혜, 2004).

박신희 연구에서는 디지털 전환 이후의 공간 현실을 반영해 장소성을 다층적 · 동적 개념으로 재정의한다. 다시 말해 '장소'를 물리 공간과 디지털 공간이 중첩된 복합 체계로 바라보며, 트랜스미디어 스토리텔링을 장소성 형성의 구심점—곧 서사적 에너지—으로 제시한다. 따라서 장소성을 물리 · 사회 · 정서적 기반 위에 서사 · 미디어 · 참여 요인이 층위적으로 포개져, 이용자의 반복 경험과 상호작용 속에서 지속적으로 재구성되는 총체적 특성으로 규정한다(박신희, 2021).

최근 장소 애착에 관한 연구에서는 AI 기반의 몰입형 경험 디자인이 사용자의 감각적 · 정서적 경험을 극대화함으로써, 장소에 대한 의미 형성과 정서적 애착을 촉진하는 핵심 요소로 주목받고 있다. 이에 인터랙티브 요소의 적용은 단기적으로 사용자의 참여를 유도하는 데 그치지 않고, 장기적으로도 콘텐츠 경험을 향상하는 데 중요한 역할을 한다. 사용자가 콘텐츠에 직접 개입하거나 반응할 수 있는 다양한 인터랙션이 제공될 때, 자연스럽게 참여도가 높아지고, 그 경험은 더욱 깊이 기억에 남는다. 이러한 과정에서 사용자는 브랜드나 콘텐츠에 대해 더 긍정적인 인상을 갖게 되며, 결과적으로 충성도와 재방문 의도가 높아진다.

또한, 인터랙티브 요소는 사용자와의 소통을 강화하는 데도 기여한다. 사용자의 의견이나 피드백이 실제로 반영되는 경험을 하게 되면, 사용자는 자신이 존중받고 있다고 느끼며 브랜드나 콘텐츠에 대한 신뢰가 쌓인다. 이처럼 쌍방향 소통은 사용자와 브랜드 사이의 관계를 더욱 긴밀하게 만든다.

더불어, 인터랙티브 콘텐츠는 사용자 행동 데이터를 자연스럽게 수집할 기회를 제공한다. 이렇게 축적된 데이터는 AI가 분석하여 각 사용자에게 맞춤형 콘텐츠를 제공하는 데 활용된다. AI는 사용자의 행동 패턴, 선호도, 피드백 등을 종합적으로 분석해 개인화된 추천을 실현하며, 이를 통해 사용자는 자신에게 최적화된 경험을 누릴 수 있다.

AI는 방대한 데이터를 빠르게 분석해 콘텐츠 경험을 혁신하는 데 중요한 역할을 한다. 예를 들어, 사용자가 웹사이트나 앱에서 어떤 행동을 하는지 추적 · 분석해 다양한 사용자 그룹의 세부적인 선호와 행동 패턴을 파악할 수 있다. 또 실시간으로 변화하는 시장 트렌드를 분석해 그에 맞는 콘텐츠를 기획할 수 있도록 지원하며, 설문조사나 댓글 등 다양한 형태의 사용자 피드백을 분석해 콘텐츠의 개선 방향도 신속하게 도출할 수 있다. 이렇듯 AI와 인터랙티브 디자인의 결합은, 현대 장소성이 다양한 층위의 경험과 상호작용이 중첩되는 복합적 체계로 형성됨을 보여 준다.

이에, 현실 세계의 물질적 환경과 건축적 배경을 의미하며 인간의 신체적 경험과 직접적으로 연결되는 '물리적 공간(Physical Space)', 개인의 기억, 감정, 정서, 내면적 해석 등 심리적 · 정신적 차원을 포괄하는 '심리적 공간(Psychological Space)', 네트워크, 가상현실, 메타버스 등 디지털 기술로 구축된 비물질적 환경을 지칭하며, 온라인 상호작용과 정보 교환이 이루어지는 새로운 사회적 공간인 '디지털 공간(Digital Space)'이라는 세 가지 차원은, AI가 매개하는 하이브리드 공간 경험의 복합성과 상호작용성을 해석하는 데 효과적인 분석 틀을 제공한다.

이 구조는 각 공간이 독립적으로 존재하는 것이 아니라, 사용자의 반복 경험과 상호작용 속에서 서로 영향을 주고받으며, 장소의 의미와 정서적 애착을 지속적으로 재구성하는 총체적 장소 경험(Total Place Experience)

을 가능하게 한다. 특히 AI 기술은 이 세 공간을 유기적으로 연결하고, 감정 분석, 위치 기반 증강현실, 사용자 맞춤형 환경 제어 등 다양한 방식으로 새로운 하이브리드 장소성을 창출할 수 있다. 따라서 AI 시대의 공간 설계에서는 물리적 · 심리적 · 디지털 차원을 통합적으로 고려하여야 한다.

그리하여 AI 기반의 대안적 장소 만들기 시스템은 인간 중심의 경험 디자인을 바탕으로, 공간을 구성하는 개인과 공동체의 적극적인 참여와 협업을 촉진해야 한다. 이러한 시스템은 공간의 기능적 효율성 향상을 넘어, 다양한 배경과 정체성을 지닌 사람들이 상호 소통하고 공감할 수 있는 열린 장(場)으로서의 역할을 수행할 수 있다. 나아가, AI는 사용자의 감정과 욕구, 사회적 맥락을 세밀하게 반영함으로써 개인의 주체성과 창의성, 사회적 정체성의 확립을 지원한다. 이러한 접근은 포용적이고 지속 가능한 공동체 형성에 이바지할 뿐 아니라, 현대 도시에서 발생하는 공간 소외와 인간 소외 문제를 완화하는 데에도 실질적으로 기여할 수 있다.

이 책의 구성

이 책은 인공지능 기술이 장소성과 공간 디자인에 미치

는 영향을 분석하며, 도시와 공공 공간, 디지털 환경, 공동 창조 설계에 이르기까지 인간 중심의 공간 창출 패러다임을 제안한다. 장소 만들기를 단순한 기술 최적화의 문제로 보지 않고, 정체성, 감정, 참여, 윤리 등 인간의 삶과 깊이 연결된 요소들로 확장하여, AI가 장소의 의미를 어떻게 재정의하고 민주적 설계에 기여할 수 있는지를 다층적으로 조망한다.

전체 구성은 다음의 세 가지 큰 축으로 이루어진다. 첫째, 현대 장소 개념의 변화와 AI의 등장. 1장과 2장에서는 앙리 르페브르의 공간 생산 이론을 비롯해 도린 매시, 이푸 투안, 마누엘 카스텔 등 주요 공간 이론가들의 논의를 바탕으로, 물리적 장소와 디지털 기술이 결합된 현대적 장소성이 어떻게 형성되는지를 살펴본다. 특히 AI 기술이 인간의 경험, 감정, 이동, 상호작용을 어떻게 공간적으로 매개하고 확장하는지에 주목한다.

둘째, AI 기반 장소 만들기의 구현 전략. 3장부터 8장까지는 스마트 시티, 공공 디자인, 트랜스미디어 스토리텔링, XR 기반 몰입형 경험, 게임화, 공동 창조 설계 등 다양한 사례를 중심으로 AI가 장소 만들기 실천에 어떻게 적용되는지를 구체적으로 다룬다. 예컨대, 3장에서는 도시 인프라와 공공 서비스를 AI 기술로 재구성하는 전략을 소개하고, 4장과 5장에서는 트랜스미디어와 XR을 활용한 공간 내러티브 형성 방식을, 7장에서는 공동체 주도 설계에서 AI가 포용성과 창의성을 증진하는 방식 등을 다룬다.

셋째, 대안적 시스템과 미래 전망. 9장과 10장에서는 공간 소외와 무장소성의 문제에 대응하기 위한 대안으로서 AI 기반 참여형 장소 만들기 시스템을 제안한다. 또 이를 실현하기 위한 윤리적 · 정책적 과제로 디지털 격차, 알고리즘 편향, 프라이버시 보호, 설명 가능성 확보 등의 이슈를 제기하며, 기술과 인간 사이의 균형을 모색한다.

핵심 메시지는 다음과 같다. AI는 장소를 '대체'하는 기술이 아니라, 인간의 감각, 정체성, 참여를 '확장'하는 새로운 가능성을 제시한다. 장소 만들기의 중심에는 여전히 인간의 삶, 기억, 관계가 존재해야 하며, AI는 이를 지원하고 증폭하는 지능적 연장선으로 작동할 때 진정한 가치를 발휘할 수 있다. 달리 말하면, 기술 혁신이 인간 중심의 디자인 사고와 조화를 이룰 때 더 포용적이고 지속 가능한 공간이 창출될 가능성이 더욱 높아진다는 것이다.

참고문헌

김은영(2025). “AI에 대한 디자인계의 5가지 고정관념! 찬반 논란 속 놓치고 있는 진실”. AI matters. https://aimatters.co.kr/news-report/ai-report/16897/

박신희(2021). “트랜스미디어 스토리텔링을 통한 장소 만들기 연구: 앙리 르페브르의 《공간의 생산》 중심으로”. 홍익대학교 대학원 박사학위논문.

백선혜(2004). “소도시의 문화예술축제 도입과 장소성의 인위적 형성”. 《한국지리학회지》, 39(6), 885~900쪽.

서울신문(2025.7.6). “스마트도시 안산, ‘AI가 설계하고 시민이 누린다’ … 강소형 스마트 조성사업 선정 ”. https://amp.seoul.co.kr/go/20250706500019

최재운(2025.5.12). “AI 에이전트들, 스스로 연구실을 꾸리다”. 모비인사이드. https://www.mobiinside.co.kr/2025/05/12/ai-agent-2/

Zhang, Q. & Song, J.(2024). “생성형 AI를 활용한 라이프스타일 호텔 로비 공간의 바이오필릭 디자인 시각화 연구”. 《공공디자인연구》, 4(4), 60~69쪽.

Schmidgall, S. et al.(2025). Agent Laboratory: Using LLM agents as research assistants. https://arxiv.org/abs/2501.04227

01
현대 장소의 개념과 변화

현대 장소는 물리적 공간과 디지털 영역이 융합된 복합적 경험의 장으로 진화한다. 이러한 현대 장소의 특성을 이해하는 데 프랑스 철학자 앙리 르페브르의 공간 생산 이론이 중요한 통찰을 제공한다. 그의 이론에 기반하여 현대 장소는 과거의 역사적 맥락과 최첨단 테크놀로지가 공존하는 '혼종적' 특성을 지니며, 온 · 오프라인의 경계를 넘나들며 새로운 장소성을 형성한다.

AI와 1인 창업?

장소의 개념적 확장과 재해석

장소의 개념은 역사적으로 지속적인 재해석 과정을 거쳐 왔다. 전통적으로 장소는 물리적 경계와 지리적 위치로 정의되었으나, 현대 사회에서는 물리적 차원을 넘어 사회적 · 문화적 · 디지털적 요소가 복합적으로 작용하는 다차원적 공간으로 이해된다. 이러한 장소 개념의 변화는 지리학, 도시학, 사회학 등 다양한 학문 분야에서 지속적으로 탐구되어 왔다.

지리학자 이 푸 투안은 《공간과 장소》에서 장소를 "의미가 부여된 공간"으로 정의하며, 추상적인 공간이 인간의 경험과 정서적 애착을 통해 구체적인 장소로 전환된다고 설명했다(Tuan, 1977). 투안에 따르면, 장소는 단순한 물리적 좌표가 아니라 인간의 의식과 경험이 투영된 실존적 현상으로 이해되어야 한다. 이러한 현상학적 접근은 장소를 객관적 대상이 아닌 주관적 경험의 산물로 바라보는 중요한 관점 전환을 가져왔다.

에드워드 렐프는 《장소와 장소상실》에서 장소정체성(identity of place)과 장소에 대한 정체성(identity with place)의 개념을 구분하며, 현대 사회에서 장소의 고유성이 상실되는 '장소상실(placelessness)' 현상을 비판적으로 분석했다(Relph, 1976). 그는 현대의 상업화된 경관, 관광지, 쇼핑몰 등이 지역적 특수성을 상실한 채 획일화되는 경향을 지적하며, 진정한 장소성의 회복을 주장했다.

도린 매시는 기존의 정적이고 폐쇄적인 장소 개념을 비판하며, 장소를 "사회적 관계와 상호작용의 특수한 집합체"로 재정의했다. 매시는 《공간, 장소, 젠더》에서 장소를 고정된 경계나 본질적 정체성을 가진 실체가 아니라, 다양한 사회적 관계가 교차하고 중첩되는 과정적 현상으로 이해할 것을 제안했다(Massey, 1994). 이러한 관점은 장소를 고정된 물리적 실체가 아닌 사회적 구성물로 바라보는 관점을 강화했다.

마누엘 카스텔은 3부작 대작 '정보 시대: 경제, 사회, 문화' 1부 《네트워크 사회의 도래》에서 현대 사회의 '흐름의 공간(space of flows)'과 '장소의 공간(space of places)' 간의 변증법적 관계를 분석했다(Castells, 1996). 그는 정보 기술의 발달로 인해 자본, 정보, 이미지 등이 전 지구적으로 순환하는 '흐름의 공간'이 강화되면서, 전통적인 '장소의 공간'이 재구성되고 있다고 주장했다. 이는 디지털 네트워크가 물리적 장소 경험을 어떻게 변화시키는지에 대한 중요한 통찰을 제공한다.

앙리 르페브르는 《공간의 생산》에서 "공간은 사회적

으로 생산되며, 각각의 사회는 저마다의 공간을 생산한다"라고 주장했다(Lefebvre, 2011). 이러한 관점은 장소가 단순한 물리적 실체가 아니라 사회적 실천을 통해 끊임없이 생성되고 변형되는 과정적 산물임을 강조한다. 르페브르의 공간 삼분법－'공간적 실천(perceived space)', '공간의 재현(conceived space)', '재현의 공간(lived space)'－은 현대 장소 이해의 이론적 틀을 제공한다. 디지털 기술의 발전은 이 세 차원이 상호 침투하며 새로운 방식으로 결합되는 양상을 보여 준다.

사람들이 일상적 활동과 물리적 이동 패턴을 통해 공간을 지각하는 공간적 실천 차원에서, 증강현실과 위치기반 서비스는 사람들의 일상적 공간 인식과 이동 방식을 근본적으로 변화시킨다. 사람들은 더 이상 물리적 환경만을 감각적으로 지각하는 것이 아니라 스마트폰을 통해 실시간으로 중첩된 디지털 정보층－교통 정보, 상점 리뷰, 소셜 네트워크 활동－과 함께 공간을 체험하며 이동한다. 이는 도시의 네트워크와 경로에 대한 인식 자체를 재구성한다.

과학자, 도시 계획가, 건축가 들이 지도, 모델, 계획을 통해 개념화하는 지배적 공간인 공간의 재현 차원에서, 빅데이터와 AI 알고리즘은 전문가들의 공간 구상과 설계 방법론을 혁신하고 있다. 전통적인 도면과 모형 대신, 실시간 데이터 시각화, 예측 모델링, 시뮬레이션을 통해 공간이 개념화되고 계획된다. 이는 공간에 대한 과학적 · 기술적 지식이 생산되고 유통되는 방식을 변화시킨다. 상징, 이미지, 개인적 감정을 통해 직접 체험되는 주관적 공간인 재현의 공간 차원에서, 소셜 미디어와 가상현실은 사람들이 장소에 대해 형성하는 감정적 애착, 기억, 정체성의 새로운 형성 경로를 제공한다. 인스타그램의 위치 태그, VR(가상현실)을 통한 가상 여행, 온라인 커뮤니티에서의 장소 이야기 공유는 물리적 현존 없이도 장소에 대한 강력한 감정적 연결을 만들어 낸다. 이러한 변화의 핵심은 세 차원이 동시적이고 변증법적으로 상호작용한다는 점이다. 예를 들어, 포켓몬GO는 플레이어의 물리적 이동과 공간 탐색(공간적 실천), 나이앤틱(Niantic)사의 알고리즘 기반 게임 공간 설계와 포켓스톱 배치(공간의 재현), 플레이어들이 특정 장소에서 경험하는 게임적 즐거움과 사회적 만남(재현의 공간)을 하나의 통합된 디지털-물리적 장소 경험으로 결합한다. 이 과정에서 세 차원은 서로를 강화하고 변형시키며 새로운 형태의 사회적 공간을 생산한다.

디지털 시대의 장소 개념 변화와 관련하여 멜빈 웨버

는 전통적인 도시 이론이 '장소(place)'의 물리적 특성에 기반하고 있음을 주장했다. 그는 정보통신 기술의 발전과 교통 인프라의 확장으로 인해 물리적 공간의 경계와 중요성이 점차 약화되고, 네트워크와 접근성이 중심이 되는 '비장소적 도시 영역(nonplace urban realm)'이 새롭게 부상하고 있다고 설명하면서, 공간적 근접성보다는 관심사와 네트워크에 기반한 커뮤니티의 형성을 강조하며 이러한 변화가 도시적 삶의 본질을 재구성하고 있다고 주장했다(Webber, 1964).

윌리엄 미첼은 《비트의 도시》에서 디지털 기술이 어떻게 도시 공간과 장소 경험을 재구성하는지 분석했다(Mitchell, 1995). 그는 사이버공간과 물리적 공간의 융합이 새로운 형태의 도시성과 장소성을 창출한다고 주장하며 이를, '비트의 도시'라는 개념으로 설명했다. 이러한 관점은 오늘날 스마트 시티, 증강현실, 위치 기반 서비스 등이 일상적 장소 경험을 어떻게 변화시키는지 이해하는 데 중요한 이론적 기반을 제공한다.

디지털 기술은 단순히 장소에 대한 정보를 디지털화하는 것이 아니라, 장소의 의미와 경험 방식 자체를 재구성한다. 이러한 과정에서 장소는 물리적 좌표를 넘어 문화적 기억, 사회적 실천, 디지털 네트워크가 복합적으로 작용하는 역동적 시스템으로 이해된다.

물리적 공간과 디지털 영역의 융합

현대 장소의 가장 뚜렷한 특징 중 하나는 물리적 공간과 디지털 영역의 경계가 점차 모호해지고 있다는 점이다. 스마트폰, 사물인터넷, 위치 기반 서비스, 증강현실, 인공지능 등의 기술은 물리적 장소에 지능형 디지털 레이어를 겹쳐, 장소 경험을 확장하고 있다.

이러한 변화는 르페브르의 리듬분석(Rhythmanalysis) 이론으로 해석할 수 있다. 르페브르는 일상생활이 두 가지 상호 대립적이면서도 의존적인 리듬－순환적 리듬(cyclical rhythms)과 선형적 리듬(linear rhythms)－으로 구성된다고 보았다. 하나는 자연과 우주로부터 기원하는 순환적 리듬이며, 이는 밤과 낮, 계절의 변화, 조수 간만, 신체 생리주기 등을 포함한다. 다른 하나는 사회적 · 기술적 시스템에서 비롯되는 선형적 리듬으로, 생산과 소비, 교통과 정보 흐름, 행정 절차 등의 반복을 의미한다.

르페브르는 현대 사회에서 선형적 리듬이 순환적 리듬을 억압하고 있다고 진단한다. 그는 "리듬적인 것은 점점 선형적인 것에 의해 침해당하고 있다"라고 분석하면서, 이 두 리듬이 현실에서는 분리되지 않고 상호 간섭(interference)하며 공존한다고 설명한다(Lefebvre, 2004). 이러한 관점은 오늘날 디지털 기술이 인간의 생체 리듬이나 지역적 시간성을 무시한 채 전 지구적 네트워크 리듬을 강제하는 현상과 맞물려 있다. 예를 들어, 알람, 푸시 알림, 알고리즘화된 일정 등 디지털 기술이 주입하는 선형적 리듬은 자연 리듬을 압도하며 일상에 큰 영향을 미친다. 반면, 증강현실을 통해 농경의 계절 주기를 체험하거나 스마트워치로 심장 박동, 수면 리듬을 모니터링하는 경험은 순환적 리듬을 재발견하게 만든다. 이는 선형과 순환, 디지털과 자연이 서로 충돌하고 상호작용하는 혼성성(Polyrhythmia)을 반영한다.

따라서 현대 장소는 물리성과 디지털성이 얽히면서, 두 종류의 리듬이 뒤섞인 다층적 공간(time-space)으로 재해석될 수 있다. 르페브르가 말한 리듬 간의 긴장과 간섭, 즉 "순환적 반복과 선형적 반복의 교차"를 통해 AI 시대의 장소 경험과 일상을 심도 있게 분석할 수 있을 것이다.

참고문헌

Castells, M.(1996). *The information age: Economy, society and culture, Vol. I(The rise of the network society).* Blackwell. 김묵한 외 옮김(2003). 《정보시대: 경제, 사회, 문화 1: 네트워크 사회의 도래》. 한울아카데미.

Lefebvre, H.(1974). *La production de l'espace.* Anthropos. 양영란 옮김(2011). 《공간의 생산》. 에코리브르.

Lefebvre, H.(1992). *Elements de rythmanalyse: Introduction a la connaissance des rythmes.* Syllepse. 정기헌 옮김(2013). 《리듬분석 공간, 시간, 그리고 도시의 일상생활》. 갈무리.

Lefebvre, H.(2004). *Rhythmanalysis: Space, time and everyday life. S.* Elden & G. Moore(Trans.). Continuum.(Original work published 1992).

Massey, D.(1994). *Space, place, and gender.* University of Minnesota Press. 정현주 옮김(2015). 《공간, 장소, 젠더》. 서울대학교출판문화원.

Mitchell, W. J.(1995). *City of bits: Space, place, and the infobahn.* MIT Press. 이희재 옮김(1999). 《비트의 도시》. 김영사.

Relph, E.(1976). *Place and placelessness.* Pion. 김덕현 외 옮김(2005). 《장소와 장소상실》. 논형.

Shneiderman, B.(2022). *Human-centered AI.* Oxford University Press.

Tuan, Y-F.(段義孚)(1977). *Space and place: The perspective of experience.* University of Minnesota Press. 구동회·심승희 옮김(1995). 《공간과 장소》. 대윤.

Webber, M. M.(1964). The urban place and the nonplace urban realm. In Webber, M. M.(ed.). *Explorations into urban structure*, pp.79~153. University of Pennsylvania Press. https://www.degruyterbrill.com/document/doi/10.9783/9781512808063-005/html?srsltid=AfmBOoo3V10KId7RGzIYQlIS5uHYFcm6nH3d3KBA7FRhZ80nrEhrCOoI

02
AI 시대의 장소성 개념 재정립

인공지능 기술의 발전은 장소성에 대한 근본적 재고를 요구한다. 장소성은 공간에 대한 인지적 경험과 감성적 애착을 통해 형성되는데, AI는 이러한 경험의 차원을 확장한다. 데이터 기반 알고리즘이 공간 경험을 매개하는 시대에, 장소성은 물리적 공간, 디지털 기술, 그리고 인간의 주관적 경험이 복합적으로 상호작용하며 형성되고 있다.

AI와 MBTI?

장소성의 재구성과 혼종적 정체성

AI 시대의 장소성(sense of place)은 물리적 공간과 빠르게 변화하는 디지털 영역이 융합함에 따라, 기존보다 훨씬 복잡하고 다층적인 양상을 띠고 있다. 오늘날의 장소는 단순히 지리적 위치나 물리적 특성, 시각적 이미지에만 국한되지 않는다. 오히려 다양한 문화적 · 사회적 · 기술적 요소들이 혼종적으로 결합되어, 복합적이고 유동적인 정체성을 형성한다. 이러한 장소성은 그 공간에서 이루어지는 사회적 관계, 기억의 축적, 감정적 유대, 일상적 실천 등 총체적 경험의 결합으로 이해된다.

특히, 디지털 미디어와 인공지능 기술의 발전은 장소 경험의 방식에 근본적인 변화를 가져왔다. 헨리 젠킨스의 트랜스미디어 스토리텔링 개념－"다양한 미디어 플랫폼을 통해 전개되는 통합적 경험으로서의 이야기"(Jenkins, 2008)－은 이러한 변화의 핵심을 잘 보여 준다. 트랜스미디어 스토리텔링은 하나의 이야기나 세계관이 영화, 소설, 게임, 웹, 사회관계망서비스(SNS, Social Networking Service) 등 다양한 미디어 플랫폼을 통해 각기 다른 방식으로 전개되고, 이들이 유기적으로 연결되어 전체적으로 하나의 통합적 경험을 제공하는 스토리텔링 방식이다. 이러한 트랜스미디어적 접근은 물리적 장소와 디지털 내러티브를 결합함으로써, 장소에 대한 새로운 해석과 경험의 가능성을 열어 준다.

각 플랫폼은 단순히 같은 내용을 반복하는 것이 아니라, 매체의 특성에 맞게 새로운 내용이나 시각을 더해 전체 세계관을 확장한다. 예를 들어, 한 장소의 역사와 이야기를 전달할 때 증강현실(AR, Augmented Reality) 기반 투어에서는 디지털 내러티브가 물리적 공간 위에 중첩되어 제공된다. 사용자는 실제 장소를 걷는 동시에 스마트폰 화면을 통해 가상의 캐릭터, 미션, 역사적 장면 등을 체험하게 되며, 자신의 신체적 움직임과 감각을 바탕으로 공간을 경험함과 동시에 디지털 정보가 제공하는 새로운 해석과 상상력을 통해 심리적 · 정서적 반응까지 확장된 경험을 하게 된다.

또한, 구글 어스와 같은 디지털 지도 플랫폼에서는 물리적 장소와 연결된 사진, 영상, 텍스트, 게임 등 다양한 디지털 콘텐츠가 제공되어, 사용자는 실제로 그곳에 가지 않아도 장소의 맥락과 분위기를 간접적으로 체험할 수 있다. 이 과정에서 사용자는 자신의 기억, 감정, 상상 등 심리적 공간을 디지털 환경 속에서 재구성하며, 물리적 공간과 디지털 공간이 심리적 경험을 매개로 긴밀하게 연결된다.

이처럼 트랜스미디어 스토리텔링은 다양한 미디어 플랫폼을 통해 장소의 의미와 경험을 다층적으로 확장하며, 이러한 방식은 도시 브랜딩과 관광 분야에서도 적극 활용되고 있다. 지역의 이야기, 전설, 문화유산 등이 웹, 앱, SNS, 가상현실(VR, Virtual Reality) 등 다양한 플랫폼에서 확장되고 공유됨으로써, 장소에 대한 집단적 기억과 정체성이 더욱 풍부하게 형성된다.

특히, AI 기술의 발전은 이러한 복합적 장소 경험을 더욱 심화하고 있다. 예를 들어, 국립중앙박물관의 '이용 장벽 없는 스마트 전시관'은 인공지능 기반 맞춤형 전시 안내 키오스크와 모바일 서비스를 통해 관람객의 신체적 조건과 요구에 따라 전시 경험을 실시간으로 최적화한다. 휠체어 이용자를 위한 자동 높이 조절, 시각장애인을 위한 점자 키패드와 음성 안내, 청각장애인을 위한 수어 아바타 등 다양한 접근성 기능을 제공하며, 관람객의 행동과 요구에 따라 정보를 맞춤 제공함으로써 단순 정보 전달을 넘어 실시간 상호작용과 감정적 반응까지 포괄하는 경험을 제공한다.

이처럼 AI와 디지털 미디어, 그리고 다양한 플랫폼이 결합된 현대의 장소 경험은 물리적 공간(신체적 경험과 환경), 심리적 공간(기억, 감정, 해석), 디지털 공간(가상 · 비물질적 상호작용)이 유기적으로 중첩되고 상호작용하는 복합적 구조를 가진다. 이는 AI 시대의 장소성이 단순히 물리적 환경에 머무르지 않고, 사용자 중심의 맞춤형 · 참여형 · 감성적 경험으로 확장되고 있음을 보여주는 대표적 사례라 할 수 있다.

국내 연구에서도 이러한 접근의 중요성이 강조되고 있다. 박신희와 장동련(2019)은 "트랜스미디어 스토리텔링을 활용한 장소 브랜딩 프레임워크"를 제안하며, 다양한 이해관계자들이 장소의 의미 생성 과정에 직접 참여할 수 있도록 코디자인(Co-design) 방법론을 설계했다. 이들의 연구는 참여 기반 공간에서 트랜스미디어 스토리텔링을 적용함으로써, 장소에 대한 집단적 내러티브 구성과 공유된 의미 창출의 중요성을 실증적으로 보여 준다.

결국, 현대의 장소는 물리적 공간과 디지털 영역의 융합, 그리고 다양한 문화적 · 사회적 맥락의 혼종을 통해 복합적 정체성을 형성한다. 이는 AI 시대의 장소 만들기 실천에서 기술적 혁신과 인간 중심적 가치의 균형이 필수임을 시사한다. 또 다양한 주체의 참여와 협력을 바탕으로 한 새로운 장소성 접근이 요구된다. 이러한 시각은 장소가 단순한 배경이 아니라, 끊임없이 재구성되고 확장되는 집단적 경험의 장임을 강조한다.

알고리즘 매개 공간과 장소성의 재해석

물리적 환경과 인간의 직접적 상호작용을 통해 형성되어 온 장소성은 이제 알고리즘 기반의 위치 서비스, 내비게이션 앱, 추천 시스템 등의 영향을 받으며 재구성되고 있다. 이러한 기술들은 우리가 어떤 장소를 발견하고, 이동하며, 경험하는 방식 등을 근본적으로 변화시키고 있다.

지도 앱과 내비게이션 서비스는 우리의 공간 인식과 이동 패턴을 형성하는 중요한 알고리즘 매개체가 되었다. 구글맵, 네이버지도, 카카오맵 등의 서비스는 단순히 위치를 알려 주는 것을 넘어, 알고리즘을 통해 검색 결과를 순위화하고, 경로를 최적화하며, 때로는 관련 장소를 제안한다. 이러한 알고리즘은 장소에 대한 접근성과 가시성을 재구성하며, 결과적으로 특정 장소의 의미와 가치를 강화하거나 약화한다.

검색 결과의 노출 순서, 사용자 리뷰 및 평점의 비중, 특정 테마별 분류 등이 장소의 인지도에 직접적 영향을 미친다. 예를 들어, 검색 결과 상단에 노출되거나 '주변 인기 명소'로 추천되는 장소는 사용자들에게 더 자주, 더

쉽게 보이게 된다. 이는 해당 장소의 인지도를 높이고, 방문객을 유인하여 장소의 가치를 상승시키는 효과를 가져온다. 마찬가지로 SNS에서의 '핫플레이스' 정보 공유 또한 알고리즘의 영향으로 특정 장소의 가시성을 폭발적으로 높이는 사례라 할 수 있다. AI 기반 내비게이션 서비스는 최적 경로를 제안하면서 도시 공간 경험을 재구성한다. 이는 단순한 효율성의 문제가 아니라, 도시의 어떤 부분이 '보이게' 되고 어떤 부분이 '보이지 않게' 되는지를 결정하는 권력의 문제다. 이러한 알고리즘적 공간 생산 과정에서 특정 장소들은 하이퍼가시성(hyper-visibility)을 획득하는 반면, 다른 장소들은 알고리즘적 그림자(Algorithmic Shadow)에 가려져 소외된다.

키친과 도지(Kitchin & Dodge, 2011)는 이러한 현상을 '코드/공간(Code/Space)'이라는 개념으로 설명한다. 코드/공간은 소프트웨어와 물리적 공간이 상호 구성적 관계를 맺는 공간으로, 코드가 작동하지 않으면 그 공간의 본래 기능도 작동하지 않는 특성을 갖는다. 1장에서 논의된 물리적-디지털 융합의 확장으로, 현대 도시의 많은 공간이 이러한 코드/공간으로 전환되면서, 장소성은 물리적 요소와 디지털 코드의 복합적 상호작용을 통해 형성되게 되었다.

AI와 장소의 정서적 차원 확장

장소에 대한 감정적 애착과 의미 부여는 장소성 형성의 핵심 요소다(Tuan, 1974). AI 기술은 디지털 환경에서 장소성과 정서적 상호작용의 새로운 차원을 확장하고 있다. 챗봇, 가상 비서, 감정 인식 기술 등은 물리적 및 가상 공간에서 개인화된 경험을 제공하며 정서적 연결을 강화할 수 있다. 이는 이 푸 투안이 강조한 '토포필리아(Topophilia, 장소애)'의 개념이 디지털 시대에 가상 공간과 스마트 환경으로 재해석될 수 있음을 시사한다.

스마트 홈 환경에서의 AI 비서는 단순한 기능적 도구를 넘어 공간에 정서적 차원을 부여하는 매개체로 작용한다. 사용자의 선호도, 습관, 감정 상태를 학습하고 이에 반응하는 AI 시스템은 가정이라는 물리적 공간에 새로운 기술적 레이어를 추가한다. 이는 거주자가 해당 공간에 대해 형성하는 정서적 애착에 기술적 차원을 더하는 역할을 한다.

AI 비서가 "집에 오신 것을 환영합니다"라고 말할 때, 그것은 단순한 인사가 아니라 공간에 정서적 레이어를 입히는 것과 같다. 사용자의 생활 패턴, 행동 습관 등을 인식하고 이에 반응하는 AI 시스템은 집이라는 물리적 공간을 개인화된 정서적 환경으로 변화시킨다.

이러한 현상을 이해하는 데에는 제임스 애시(James Ash)의 2017년 저서 《페이즈 미디어: 공간 · 시간 · 스마트 사물의 정치(Phase Media: Space, Time and the Politics of Smart Objects)》에서 논의된 스마트 오브젝트와 알고리즘의 역할에 대한 분석이 유용하다. 애시는 이 책에서 스마트 오브젝트와 알고리즘이 단순히 정보를 처리하는 도구가 아니라, 인간의 정과 정동적(Affective) 반응을 유도하고 조절하는 방식으로 작동한다고 설명한다. 즉, 기술적 시스템이 장소 경험의 감정적 차원을 재구성하며, 이는 장소성의 형성 과정에 중요한 영향을 미친다는 것이다. 즉, AI 비서 같은 스마트 오브젝트는 알고리즘을 통해 사용자의 정동적 경험을 조정함으로써, 공간에 새로운 의미와 감정적 깊이를 부여한다.

초연결 환경에서의 분산된 장소성

AI 기술의 진보는 사물인터넷, 클라우드 컴퓨팅, 5G 기술과 같은 최신 디지털 기술과의 융합을 통해 초연결 환경을 형성하고 있다. 이와 같은 기술적 환경에서 장소성의 개념은 기존의 정적인 물리적 위치 개념을 넘어 데이터 흐름 및 네트워크 연결에 의해 구성되는 복합적이고 다층적인 차원으로 확장된다.

일찍이 매시(Massey, 1994)는 장소를 고정된 경계와 본질적 정체성에 의해 정의하는 기존의 관점을 비판하고, 장소를 사회적 관계와 전 지구적 흐름 속에서 끊임없이 구성되고 변화하는 열려 있는 지점으로 이해할 것을 제안한다. 이와 같은 논의는 이후 '관계적 장소(relational place)' 개념의 이론적 토대를 제공했다. 초연결 시대에 이러한 관계적 장소 개념은 디지털 네트워크와 AI 알고리즘과 같은 기술적 매개를 통해 더욱 확장된 형태로 나타나고 있다.

스마트 시티의 맥락에서 도시 인프라와 모바일 디바이스, 센서 네트워크, 인공지능 시스템의 결합은 도시 공간의 기능과 의미를 새롭게 정의한다. 특히, 이러한 초연결 환경에서는 실시간 데이터 흐름과 알고리즘의 상호작용이 결합된 네트워크 효과(Network effect)가 장소성 형성의 핵심 요소로 작용한다. 즉, 장소성은 특정 물리적 공간을 초월하여 디지털 정보 흐름과 네트워크 연결이 중첩된 복합적이고 분산된 공간적 특성으로 변화한다는 것이다.

결론적으로, 초연결 환경에서의 장소성은 물리적, 사회적, 문화적, 정서적 요소와 디지털 네트워크 및 데이터 흐름이 긴밀히 결합된 다차원적 개념으로 이해되어야 한다. 이는 현대 도시 계획과 디자인 분야에서 기존의 공간 개념을 넘어, 보다 혁신적이고 통합적인 접근 방식을 요구한다.

서울의 스마트 시티 프로젝트는 데이터 기반의 도시 관리 시스템을 통해 도시 공간을 재구성한다. 교통 흐름, 대기 질, 에너지 사용, 시민 활동 등 다양한 데이터가 실시간으로 수집되고 분석됨으로써 도시는 끊임없이 변화하는 '데이터 경관(datascape)'이 된다. 한 도시 계획가는 "미래의 도시는 더 이상 건물과 도로만으로 정의되지 않고, 데이터 흐름과 이를 처리하는 알고리즘 패턴에 의해 정의될 것"이라고 예측했다.

결국 초연결 환경에서 도시 공간은 물리적 장소와 디지털 네트워크 간의 복합적 상호작용을 통해 형성된다. 이러한 환경에서는 공간의 의미와 경험이 특정 위치를 넘어 다양한 노드와 네트워크 연결을 통해 확장된다. 위치 기반 애플리케이션, 증강현실 기술, 다중 센서 환경 등은 장소 경험을 재구성하며 새로운 형태의 사회적 관계와 상호작용을 촉진한다. 이는 전통적인 물리적 공간과 가상 공간의 이분법을 넘어선 하이브리드 공간성(hybrid spatiality)에 대한 새로운 이해를 요구한다.

AI 시대의 포용적 장소성을 향하여

AI 기술이 공간 경험을 매개하고 재구성하는 현상은 새로운 형태의 포용성과 배제의 문제를 제기한다. 알고리즘 편향, 디지털 디바이드, 감시 자본주의 등의 문제는 AI 시대 장소성 형성의 윤리적·정치적 차원을 드러낸다. 포용적인 AI 기반 장소 만들기는 기술 중심주의를 넘어 인간 중심적 접근과 사회적 책임을 요구한다.

슈나이더만(Shneiderman, 2022)의 "인간 중심 AI" 개념은 기술이 인간의 자율성, 다양성, 사회적 연결을 증진하는 방향으로 설계되어야 함을 강조한다. 이러한 관점은 AI 시대의 장소 만들기에도 중요한 지침을 제공한다. 알고리즘이 매개하는 공간에서도 인간의 주체성과 창의성이 존중되고, 다양한 사회적 집단의 필요와 가치가 반영되어야 한다.

바르셀로나의 '시민을 위한 디지털 시티' 이니셔티브는 이러한 포용적 접근의 선도적 사례다. 이 프로젝트는 시민 참여와 데이터 주권을 중심으로 스마트 시티 모델을 재구성하며, 도시 데이터가 특정 기업의 자산이 아닌 시민의 공공재로 취급되어야 한다는 원칙에 기반한다. 이 사례는 앞으로 다룰 공공 디자인 맥락에서 더욱 구체적으로 분석될 것이다.

AI 시대의 포용적 장소성은 기술 발전과 사회적 가치의 균형을 필요로 한다. 알고리즘과 데이터가 주도하는 공간 생산 과정에서 다양한 사회적 집단의 필요와 경험이 반영되어야 하며, 특히 디지털 취약계층이 소외되지 않도록 하는 정책적 노력이 중요하다. 또한 AI 시스템의 투명성과 설명 가능성을 높임으로써 시민들이 자신이 거주하고 경험하는 공간의 알고리즘적 작동 방식을 이해하고 개입할 기회를 보장해야 한다.

요약하자면, AI 시대의 장소성은 물리적 공간, 디지털 기술, 인간 경험이 복합적으로 얽힌 역동적 현상으로 이해되어야 한다. 1장에서 논의된 현대 장소 개념의 변화가 AI 기술과 만나면서, 알고리즘이 매개하는 공간 경험, AI가 확장하는 장소의 정서적 차원, 초연결 환경에서의 분산된 장소성이라는 새로운 양상이 등장하고 있다.

이러한 재정립 과정에서 중요한 것은 기술 중심주의를 넘어 인간 중심적 접근과 사회적 가치를 중심에 두는 것이다. 르페브르가 주장했듯이, 공간은 사회적으로 생산되며, AI 시대의 장소 역시 기술적 가능성과 사회적 실천의 변증법적 관계 속에서 형성될 것이다. 이어서 이러한 AI 시대의 장소성 개념이 스마트 시티와 공공 디자인 영역에서 어떻게 구체화되는지 살펴볼 것이다. 특히 도시 인프라와 공공 서비스에 AI가 통합되는 과정과 그것이 도시 공간의 의미와 경험에 미치는 영향을 분석할 것이다.

참고문헌

박신희·장동련(2019). "트랜스미디어 스토리텔링을 활용한 장소 브랜딩 프레임워크: Co-design 방법을 적용한 참여 공간 중심으로". 《브랜드디자인학연구》, 17(4), 119~130쪽.

Ash, J.(2017). *Phase media: Space, time and the politics of smart objects.* Bloomsbury Academic.

Jenkins, H.(2008). *Convergence Culture: Where Old and New Media Collide.* NYU Press.

Kitchin, R. & Dodge, M.(2011). *Code/Space: Software and everyday life.* MIT Press.

Lefebvre, H.(1974). *La production de l'espace.* Anthropos. 양영란 옮김(2011). 《공간의 생산》. 에코리브르.

Massey, D.(1994). *Space, place, and gender.* University of Minnesota Press. 정현주 옮김(2015). 《공간, 장소, 젠더》. 서울대학교출판문화원.

Shneiderman, B.(2022). *Human-centered AI.* Oxford University Press.

Tuan, Y-F.(1974). *Topophilia: A study of environmental perception, attitudes, and values.* Prentice-Hall. 이옥진 옮김(2011). 《토포필리아: 환경 지각, 태도, 가치의 연구》. 에코리브르.

03
스마트 시티와 공공 디자인의 AI 활용

스마트 시티는 AI 기술로 도시 인프라와 공공 서비스를 최적화하는 지능형 도시 모델이다. 센서, 네트워크, 빅데이터 분석을 통해 도시 문제를 효율적으로 해결하는 이 접근법은 공공 디자인의 새로운 패러다임을 형성한다. 교통, 에너지, 환경 등 다양한 영역에서 AI가 도입되며, 이는 기술적 효율성을 넘어 시민 중심의 포용적이고 지속 가능한 도시 공간을 디자인하는 방향으로 나아가야 한다.

AI와 난임 극복?

AI 기반 스마트 시티의 진화와 공공 디자인의 변화

스마트 시티의 개념은 기술 발전과 함께 지속적으로 진화해 왔다. 초기의 스마트 시티가 주로 정보통신기술 인프라 구축에 중점을 두었다면, 현재의 스마트 시티는 AI 기술을 활용한 지능형 도시 운영과 관리에 초점을 맞추고 있다. 이러한 변화는 도시 공간과 공공 디자인의 근본적인 재구성을 요구한다.

도시 환경에서 소프트웨어와 물리적 공간은 상호구성적 관계를 맺으며 작동한다. 스마트 시티에서는 도시의 물리적 인프라와 디지털 코드가 상호의존적으로 연결되어, 코드가 작동하지 않으면 공간의 본래 기능도 작동하지 않는 현상이 나타난다. 이러한 환경에서 공공 디자인은 단순한 물리적 형태 설계를 넘어 알고리즘과 데이터 흐름을 고려한 통합적 접근을 필요로 한다. 이는 공공 디자인의 영역을 확장하며, 디자이너의 역할과 방법론에도 변화를 가져온다.

"현대 스마트 시티에서 공공 디자인은 물리적 형태와 디지털 인터페이스의 경계에서 작동한다. 벤치, 가로등, 버스 정류장과 같은 전통적인 도시 가구들은 이제 센서와 네트워크로 연결된 지능형 오브젝트로 진화하고 있다. 이러한 환경에서 공공 디자이너는 물리-디지털 경험의 통합적 큐레이터로서 기능한다."

인간 중심 AI 설계의 원칙은 스마트 시티 공공 디자인에도 중요한 함의를 갖는다. 기술 중심의 접근이 아닌, 시민의 필요와 경험을 중심에 둔 공공 디자인은 스마트 시티가 진정한 삶의 질 향상으로 이어지게 하는 핵심 요소다. 이는 포용적 장소성의 개념이 어떻게 도시 규모에서 실현될 수 있는지 보여 준다.

도시 인프라와 공공 서비스의 디자인 사례

도시 인프라와 공공 서비스 재디자인의 대표적 사례로는 서울시의 '미세먼지 프리존(Fine-Dust Free Zone)'과 노원구 화랑로 '스마트 교차로(Smart Intersection)' 시범 사업을 들 수 있다.

'미세먼지 프리존'은 단순한 쉼터나 버스 승강장을 넘어, AI 기반 미세먼지 측정 정확도 향상 기술을 집약한 공간으로 재탄생했다. 서울시는 인공지능 연산 방식을 활용해 간이 측정기의 오차를 보정하는 알고리즘을 특허(등록번호 10-2594820호) 등록했으며, 대기환경측정망과 간이 측정망에서 수집된 데이터를 실시간으로 학습 · 분석해 최적의 보정값을 도출한다. 덕분에 시민들은 더욱 신뢰할 수 있는 미세먼지 정보를 제공받는다.

전기집진기와 활성탄 필터 등 첨단 공기 정화 시스템은 초미세먼지(PM2.5)를 90% 이상 제거하며, 실시간 공기 질, 버스 도착 정보, 문화 프로그램 안내 등 다양한 스마트 기능을 통합해 해당 공간을 복합 공공 서비스 거점으로 재편했다. 시민들은 미세먼지 걱정 없이 쾌적한 환경에서 대중교통을 기다릴 수 있고, 이곳은 예술 전시와 지역 문화 활동의 장으로도 활용되고 있다.

교통 분야에서는 노원구 화랑로 '스마트 교차로' 시범사업이 주목할 만하다. AI 기반 CCTV와 라이다(LiDAR) 센서를 통해 차량 · 보행자의 움직임, 교통량, 돌발 상황 데이터를 실시간 수집하고, 딥러닝 분석으로 교차로별 최적 신호 시간을 산출한다. 신호 체계가 교통 상황에 따라 유연하게 조정되면서 운전자와 보행자의 대기 시간이 감소하고 교통 흐름이 개선된다.

이처럼 AI와 스마트 기술은 단순한 효율성 제고를 넘어, 도시 공간 자체를 시민 중심으로 재구성하는 데 핵심 역할을 하고 있다.

포용적 스마트 시티를 위한 공공디자인 전략

기술 중심의 스마트 시티 접근은 때로 디지털 격차와 사회적 배제를 심화할 수 있다. 이 한계를 넘어서기 위한 유력한 경로 가운데 하나는 디지털 포용과 시민 참여, 그리고 책임 있는 거버넌스를 통합하는 공공디자인 전략을 마련하는 것이다. 이에 본 장은 다음과 같은 실행 방향을 검토하고 일부 제안한다.

첫째, 포용적 장소성을 스마트 시티 맥락에서 구현하려면 디지털 리터러시와 접근성을 고려한 공공디자인 전략이 필요하다. 핀란드는 디지털 취약계층을 위한 공공 지원 서비스를 운영한다. 예컨대 노인 재가 돌봄에서 AI · 사물인터넷을 활용한 비대면 건강관리 · 응급안전 서비스를 지자체 단위로 제공하며, 공공도서관 · 커뮤니티 센터에서는 시민 대상 디지털 기기 교육과 온라인 공공서비스 이용 지원 프로그램을 상시 운영한다. 이러한 지역사회 기반 디지털 포용 정책은 다양한 계층이 스마트 시티 서비스와 공공 디지털 자원을 효과적으로 활용하도록 돕는다. 따라서 AI 기반 공공서비스와 인터페이스는 노인 · 장애인 · 저소득층 등 다양한 사용자 그룹의 필요와 역량을 고려해 설계되어야 한다.

둘째, 시민 참여형 공공디자인 프로세스를 강화할 필

요가 있다. AI 기술은 단순한 데이터 처리 도구를 넘어, 시민의 의견과 생활상의 요구를 체계적으로 수집 · 분석하는 수단으로 기능한다. 이를 통해 하향식(Top-down) 중심을 넘어 상향식(Bottom-up) 도시디자인을 실현하는 핵심 매개가 마련된다.

대표적 사례로 암스테르담의 '시티 데이터 랩(City Data Lab)'을 들 수 있다. 이 플랫폼은 시민들이 도시 데이터를 열람하고, 이를 바탕으로 공공 디자인 아이디어를 직접 제안할 수 있도록 설계되었다.

암스테르담의 사례는 초연결 사회에서 나타나는 분산된 장소성(distributed placemaking)이 시민의 주도적 참여를 통해 어떻게 구체화될 수 있는지를 보여 준다. 특히 '크라우드 모니터링 시스템(Crowd Monitoring System)' 프로젝트는 시민들이 직접 도시 혼잡도를 관찰하고 데이터를 생성함으로써, 공공 공간의 재구성에 실질적으로 기여하는 방식이다.

이는 기술에 모든 해답을 맡기기보다는, 기술을 '참여의 도구'로 전환했다는 점에서 더욱 주목할 만하다. 공공디자인은 단순한 결과물보다, 사용자−즉 시민−의 경험과 목소리가 구조화된 방식으로 반영되는 과정 그 자체가 더 중요하다.

셋째, 윤리적 AI 활용을 위한 공공 디자인 가이드라인이 필요하다. 개인정보 보호, 알고리즘 투명성, 사회적 편향 방지 등 AI 윤리 원칙이 공공 디자인 과정에 통합되어야 한다. 이러한 맥락에서 바르셀로나의 '시민을 위한 디지털 시티' 이니셔티브는 이러한 윤리적 접근의 선도적 사례로, 시민의 디지털 권리를 보장하는 윤리적 프레임워크를 바탕으로 스마트 시티 인프라를 구축한다.

바르셀로나는 '기술 주권' 개념을 중심으로, 시민들이 자신의 데이터에 대한 통제권을 가져야 한다는 원칙에 기반한 다양한 프로젝트를 추진하고 있다. '데시딤 바르셀로나(Decidim Barcelona)'와 같은 디지털 참여 플랫폼, '시티 데이터 커먼즈' 프로그램, 블록체인 기술을 활용한 '디코드(DECODE)' 프로젝트 등이 그 예다. 특히 2018년 암스테르담, 뉴욕시와 함께 결성한 '도시 간 디지털 권리 연합'은 이러한 접근을 글로벌 차원으로 확장하는 시도로 볼 수 있다. 결과적으로 AI 기술의 발전은 스마트 시티와 공공 디자인에 새로운 가능성을 제시하고 있다. 도시 인프라와 공공 서비스의 최적화, 데이터 기반 공공 공간의 재구성, 시민 참여형 디자인 프로세스 등은 AI 시대 도시 환경의 중요한 변화 요소다.

이러한 기술적 혁신이 도시 삶의 질 향상으로 이어지기

위해서는, 인간 중심의 접근이 필수적이다. 스마트 시티를 구현할 때는 기술의 첨단화뿐만 아니라, 도시 문제 해결과 시민 웰빙 증진도 중요한 목표로 고려해야 한다. 이를 위해 공공 디자인은 기술적 효율성과 함께, 사회적 포용성, 환경적 지속 가능성, 문화적 다양성 등 다양한 가치를 통합적으로 고려하는 방향으로 발전해야 한다.

참고문헌

연합뉴스(2023.6.8). "서울시, '상습정체' 노원구 화랑로에 스마트교차로 시범구축". https://www.yna.co.kr/view/AKR20230608061300004

이연호 외(2024). "핀란드 복지서비스 자치주의 노인 재가 돌봄 현황 및 시사점: 시운 소테를 중심으로". 《보건사회연구》, 44(3), 137~167쪽.

정보통신신문(2023.6.8). "서울시, 화랑로에 '스마트교차로' 시범구축". https://www.koit.co.kr/news/articleView.html?idxno=113772

Niemela, M.(2023.4.10). "핀란드의 로봇 및 스마트 테크놀로지를 이용한 커뮤니티 거주 노인 지원". 《이슈포커스(아셈노인인권정책센터 국제연구동향)》, 2022 가을겨울호. https://www.asemgac.or.kr/bbs/bbs/view.php?bbs_no=61&data_no=6058&page_no=&sub_id==

Hamalainen, M.(2020.1). A framework for a smart city design: Digital transformation in the Helsinki smart city.

Entrepreneurship and the community, pp.63～86.
https://www.researchgate.net/publication/335431099_A_Framework_for_a_Smart_City_Design_Digital_Transformation_in_the_Helsinki_Smart_City

Helsinki Digital support. https://digituki.hel.fi/en/

Lefebvre, H.(1974). La production de l'espace. Anthropos. 양영란 옮김(2011). 《공간의 생산》. 에코리브르.

Ruohomaki, T. et al.(2018.9). Smart city platform enabling digital twin. *2018 International Conference on Intelligent Systems (IS)*, pp.155～161.
https://ieeexplore.ieee.org/document/8710517

Sanerma, P. et al.(2022.6). Differences in Home-Care Services in Finland for Older Adults between 2012 and 2019 - A Developmental Evaluation Study. *Home Health Care Services Quarterly, 41*(1), pp.1～16.
https://www.researchgate.net/publication/361534791_Differences_in_Home-Care_Services_in_Finland_for_Older_Adults_between_2012_and_2019_-_A_Developmental_Evaluation_Study

Shneiderman, B.(2022). *Human-centered AI.* Oxford University Press.

Yigitcanlar, T. et al.(2018). Understanding 'smart cities': Intertwining development drivers with desired outcomes in a multidimensional framework. *Cities, 81*, pp.145～160.
https://labchis.com/wp-content/uploads/2018/05/Understanding-smart-cities-Intertwining-development-drivers-with-desired-outcomes-in-a-multidimensional-framework.pdf

04
트랜스미디어 스토리텔링과 AI의 융합

트랜스미디어 스토리텔링은 다양한 미디어 플랫폼을 통해 총체적인 이야기 경험을 구성하는 방식이다. AI와 결합될 때, 이 방식은 장소–인간–미디어 간의 상호작용을 중심에 둔 접근법으로 확장되며, 이때 AI는 사용자 행동을 분석하여 맞춤형 내러티브를 제공하고, 물리적 공간과 디지털 스토리텔링을 연결함으로써 몰입적이고 감응적인 장소 경험을 창출한다.

AI와 사주?

트랜스미디어 스토리텔링의 진화와 AI의 역할

트랜스미디어 스토리텔링은 하나의 이야기 세계를 다양한 미디어 플랫폼을 통해 확장하는 내러티브 전략으로, 헨리 젠킨스가 저서 《컨버전스 컬처》에서 체계화한 개념이다. 젠킨스는 트랜스미디어 스토리텔링을 "각각의 새로운 텍스트가 전체 서사에 독특하고 가치 있는 기여를 하는, 여러 미디어 플랫폼을 통해 전개되는 이야기"로 정의했다(Jenkins, 2008). 이 개념은 오늘날 인공지능 기술과 융합되면서, 더욱 역동적이고 인터랙티브한 형태로 발전하고 있다.

AI는 트랜스미디어 스토리텔링에 적응성(adaptability), 개인화(personalization), 상호작용성(interactivity)이라는 새로운 차원을 부여한다.

우선, 적응성은 AI가 사용자 데이터를 분석하여 이야기의 방향과 구성 요소를 동적으로 조정하는 능력을 의미한다. 예컨대 사용자의 위치, 접속 시간, 혹은 특정 행동 패턴에 따라 등장하는 캐릭터나 장면이 달라지고, 이야기의 전개 속도나 분위기 역시 조절될 수 있다. 이는 이야기를 고정된 구조가 아닌, 변화 가능한 서사적 프레임(narrative frame)으로 전환한다.

개인화는 사용자의 선호, 상호작용 이력, 감정 반응

등을 바탕으로 서사를 맞춤화하는 기능이다. 동일한 플랫폼을 이용하더라도, 사용자의 정체성과 반응 양상에 따라 내러티브의 시점, 전개 방향, 감정 톤이 달라질 수 있다. 이는 AI가 개별 사용자의 경험을 서사 자원(story material)으로 통합해 활용하는 방식이다.

상호작용성은 사용자가 이야기의 수동적 수용자가 아니라, 서사의 흐름에 영향을 미치는 능동적 참여자임을 뜻한다. 사용자의 터치, 이동, 음성, 표정 등 다양한 입력이 실시간으로 감지되어 스토리의 사건, 대사, 장면 전환에 반영되며, 이는 경계 없는 몰입 경험을 유도한다. 결국 경험 그 자체가 이야기의 일부가 되는 트랜스미디어적 서사 몰입이 실현된다.

이러한 AI의 작동 방식은 트랜스미디어 스토리텔링을 정적인 콘텐츠 소비 구조에서 벗어나, 사용자 반응 기반의 실시간 내러티브 협업 생태계로 확장한다. 특히 장소 기반 인터랙티브 경험의 설계에서, AI는 공간을 미리 연출된 배경이 아니라, 사용자의 선택과 감각에 반응하는 살아 있는 이야기의 장으로 재정의한다.

전통적인 트랜스미디어 프로젝트는 주로 사전에 기획된 내러티브 확장에 의존했다. 헨리 젠킨스를 비롯한 트랜스미디어 연구자들은 이러한 스토리텔링 방식이 '설계 기반(design-based)' 서사 전략임을 강조해 왔다. 대표적 사례가 바로 〈매트릭스〉 시리즈다. 영화, 애니메이션, 게임, 웹툰 등 다양한 매체가 하나의 세계관 안에서 유기적으로 확장되었으며, 이 모든 콘텐츠는 워쇼스키 자매가 사전에 설계한 서사 구조와 설정에 따라 정교하게 배치되었다. 이러한 방식은 콘텐츠 간의 연결성(coherence)과 내러티브의 연속성(continuity)을 보장하기 위한 기획적 전략이었다. 하지만 AI 기반 트랜스미디어 스토리텔링은 사용자의 행동과 선호도에 실시간으로 반응함으로써, 고정된 서사 구조를 넘어서는 참여 기반의 유동적 이야기를 가능하게 한다. 이는 공간 이론에서 말하는 '공간의 실천(spatial practice)'과 '재현의 공간(representational space)' 사이의 관계를, 기술-사용자 간 상호작용의 관점에서 재해석할 수 있는 기반을 제공한다.

요약하면, 전통적인 트랜스미디어 스토리텔링은 제작자의 기획과 통제 아래, 상징적으로 구성된 서사 구조—르페브르의 개념으로 보자면 '재현의 공간'—를 중심으로 전개되었다. 각 매체는 미리 설계된 세계관 안에서 고유의 역할을 수행하며, 정합성과 연속성을 유지하는 방식으로 서사를 확장해 왔다.

반면, AI가 개입된 트랜스미디어는 사용자의 행위와 맥락에 따라 이야기가 실시간으로 생성되고 변화하는 유동적 구조를 갖는다. 이러한 상호작용적 특성은 르페브르가 말한 '공간의 실천'에 더 가까우며, 사용자의 움직임, 선택, 감정 반응이 이야기 전개에 직접 영향을 미친다. 그 결과, 이야기 공간은 고정된 배경이 아니라, 사용자와 함께 실시간으로 구축되고 해석되는 능동적 장소로 전환된다.

이는 인간, 기술, 공간 간의 상호작용이 하나의 서사적 동역학(narrative dynamics)으로 작동함을 의미하며, 트랜스미디어 스토리텔링의 공간은 상징과 행위가 복합적으로 얽힌 감응적 장소성(responsive placeness)을 형성하게 된다. 여기서 감응적 장소성이란, 사용자의 감정, 선택, 행동에 실시간으로 반응하면서 끊임없이 의미가 재구성되는 공간적 특성을 의미한다. 이는 고정된 배경으로서의 공간이 아니라, 사용자의 참여를 통해 끊임없이 반응하고 변형되는 '살아 있는 장소'로 이해되며, 감각적 체험과 상호작용이 결합된 동적 의미 생성의 장으로 작용한다.

결국 AI 기반 트랜스미디어에서 장소는 더 이상 서사의 수동적 무대가 아닌, 이야기 생성에 적극적으로 관여하는 주체적 공간으로 전환된다.

참여적 내러티브와 공동 창조 플랫폼으로서의 AI

AI 기반 트랜스미디어 스토리텔링의 흥미로운 측면은 사용자가 단순한 소비자가 아닌 내러티브의 공동 창작자로 참여할 가능성이다. 이는 장소의 관계적 · 과정적 특성과 연결되며, 장소 만들기를 집단적 창조 행위로 재해석하는 관점을 제시한다.

사용자 생성 콘텐츠(UGC)와 AI의 결합은 장소 기반 내러티브의 새로운 가능성을 탐색하게 한다. 호주 멜버른의 '스토리 시티(Story City)' 프로젝트는 시민들이 자신의 동네와 관련된 이야기, 사진, 영상을 공유하면, AI 시스템이 이를 분석하고 통합하여 집단적 장소 내러티브를 구성하는 방식을 시도하고 있다. 이 과정에서 AI는 콘텐츠 취합뿐만 아니라, 패턴 인식, 테마 추출, 내러티브 연결 등 창의적 큐레이션 역할을 수행한다.

"멜버른의 스토리 시티는 개인적 기억과 경험이 어떻게 집단적 장소 정체성으로 변환될 수 있는지 탐색하는 사례다. 한 오래된 시장 지역에 대해 여러 시민이 공유한 개인적 추억, 역사적 사진, 구술 이야기 들이 AI에 의해 분석되고 조직되어, 해당 장소의 다차원적 내러티브 지도로 재구성될 수 있다. 이 과정에서 AI는 시간대별, 주제별로 내러티브를 분류하고, 연결점을 발견하며, 이를 인터랙티브한 디지털-물리적 경험으로 변환하는 역할을 한다."

인터랙티브 소설과 게임 기술의 발전도 AI 기반 트랜스미디어 장소 경험에 새로운 차원을 더할 수 있다. 인간-AI 협업 모델은 이러한 창의적 과정에 유용한 프레임워크를 제공한다. AI는 창의적 과정을 완전히 대체하기보다, 인간 창작자와 사용자 사이의 지능형 매개체로서 기능하며, 양방향의 창의적 흐름을 지원하는 역할을 한다.

장소 정체성과 문화적 맥락의 AI 해석 과제

트랜스미디어 스토리텔링과 AI의 융합은 장소의 정체성과 문화적 맥락을 디지털화하고 재해석하는 과정에서 중요한 도전 과제를 제시한다. 물리적 공간이 디지털 내러티브와 결합할 때, 장소가 지닌 역사적 · 사회적 · 문화적 의미를 어떻게 보존하고 표현할 것인가의 문제가 발생한다. 특히 장소는 객관적 데이터로 환원될 수 없는 감정, 기억, 관계의 복합체이기 때문에, 이를 AI 시스템이 이해하고 재현하는 것은 기술적 과제를 넘어선 문화적 · 윤리적 문제다.

장소의 다층적 의미와 문화적 복잡성을 AI가 어떻게 해석할 수 있는지는 현재 활발히 연구되는 주제다. 대규모 언어 모델(LLM, Large Language Model)과 컴퓨터 비전 기술은 텍스트, 이미지, 음성 등 다양한 형태의 문화적 데이터를 분석하고 연결할 수 있지만, 이러한 기술만으로는 장소에 담긴 무형적 · 정서적 차원을 완전히 포착하기 어렵다. 예를 들어, 오래된 시장의 분주함, 지역 공동체의 유대감, 혹은 역사적 사건의 집단적 기억 같은 요소들은 단순한 데이터 분석으로 재현하기 어려운 장소의 본질적 특성이다.

"AI 시스템이 장소의 문화적 맥락을 이해하기 위해서는 데이터 분석을 넘어, 인류학적 접근과 참여적 디자인 방법론이 통합될 필요가 있다. 서울의 세운상가 재생 프로젝트에서는 AI 내러티브 시스템을 개발하기 전, 지역 주민과 상인들의 구술 역사, 일상적 실천, 장소에 대한 정서적 연결을 연구하는 과정이 진행되었다. 이러한 접근은 AI가 분석할 수 있는 형태의 데이터로는 포착되기 어려운 장소의 무형적 가치와 의미를 트랜스미디어 경험에 통합하는 방법을 모색한다."

문화적 재현의 윤리적 측면도 중요한 고려 사항이다. 특히 역사적 · 문화적으로 민감한 장소를 다루거나 다문화적 맥락을 고려할 때, AI 기반 트랜스미디어 스토리텔링은 다양한 관점과 목소리를 포용하는 방향으로 발전할 필요가 있다. 이는 데이터셋 구성, 내러티브 생성 알고리즘, 사용자 참여 메커니즘 등 여러 층위에서 포용성과 다양성을 반영한 설계의 중요성을 시사한다.

장소의 진정성(Authenticity)과 AI 기반 재현 사이의 관계도 탐구해 볼 만한 주제다. AI가 생성하거나 큐레이션하는 내러티브가 장소의 역사적 · 문화적 진정성을 어떻게 해석하고 표현하는지, 그리고 이것이 장소 경험과 장소성 형성에 어떻게 영향을 미치는지 지속적인 연구가 필요하다.

요약하자면, 트랜스미디어 스토리텔링과 AI의 융합은 장소 만들기에 새로운 가능성을 제시한다. 물리적 공간과 디지털 내러티브의 연결, 개인화된 경험, 참여적 공동창조는 장소 경험에 혁신적 변화를 가져올 수 있다. 다만 이러한 기술 발전이 의미 있게 구현되려면 인문학적 통찰과의 균형, 문화적 맥락의 이해, 윤리적 고려가 필수적이다. 궁극적으로 AI는 인간의 창의성을 대체하기보다 지원하는 도구로 기능할 때, 장소와 인간 사이의 의미 있는 연결을 강화하는 문화적 실천으로 발전할 수 있을 것이다.

참고문헌

Jenkins, H.(2008). *Convergence culture: Where old and new media collide.* NYU Press. 김정희원·김동신 옮김(2008). 《컨버전스 컬처》. 비즈앤비즈.

Pratten, R.(2015). *Getting started with transmedia storytelling: A practical guide for beginners.* CreateSpace Independent Publishing Platform.

Ryan, M. L.(2015). *Narrative as virtual reality 2: Revisiting immersion and interactivity in literature and electronic media.* Johns Hopkins University Press.

Tosca, S. & Klastrup, L.(2019). *Transmedial worlds in everyday life: Networked reception, social media, and fictional worlds.* Routledge.

05
AI 기반 몰입형 경험 디자인

AI 기반 몰입형 경험 디자인은 사용자의 감각적, 정서적 경험을 극대화해 장소 애착 형성에 기여하는 영역이다. XR(확장현실) 기술—AR(증강현실), VR(가상현실), MR(혼합현실) 포함—과 AI의 결합은 물리적 공간에 디지털 레이어를 덧입혀 새로운 공간 경험을 제공한다. 이러한 몰입형 경험은 사용자의 능동적 참여와 상호작용을 통해 더 깊은 장소성 구축을 가능하게 한다.

AI와 아이돌?

AI와 XR 기술의 융합을 통한 몰입형 장소 경험

AI와 XR(eXtended Reality, 확장현실) 기술의 융합은 장소 경험의 본질을 근본적으로 변화시키고 있다. 기존의 공간 경험이 물리적 환경에 한정되었다면, 오늘날에는 AI가 실시간 데이터 분석과 해석을 통해 사용자의 맥락, 감정, 행동에 맞춰 공간을 동적으로 변화시키는 것이 가능해졌다. 이러한 변화는 단순히 디지털 정보를 물리적 공간에 덧씌우는 수준을 넘어, 공간 자체가 사용자와 상호작용하며 서사적으로 진화하는 '감응적 내러티브 공간'의 실현으로 이어진다.

XR 기술은 AR(Augmented Reality, 증강현실), VR(Virtual Reality, 가상현실), MR(Mixed Reality, 혼합현실) 등 다양한 형태로 구현된다.

AR은 현실 환경에 디지털 정보를 중첩시켜 사용자의 공간 경험을 확장하는 기술이다. 예를 들어, 사용자가 특정 장소에 도착하면 스마트폰이나 웨어러블 기기에 내장된 카메라, GPS, 다양한 센서가 사용자의 위치와 주변 환경을 실시간으로 인식한다. 이때 AI는 수집된 데이터를 분석해 사용자의 현재 맥락과 관심사에 맞는 정보를 선별하고, 그 장소의 역사나 문화, 혹은 개인화된 추억 등 맞춤형 디지털 콘텐츠를 제공할 수 있다. 이처럼

AR과 AI가 결합되면, 사용자는 단순히 현실을 보는 데 그치지 않고, 자신에게 의미 있는 정보와 이야기를 실시간으로 경험하며 공간을 더욱 풍부하게 해석할 수 있다.

VR은 사용자를 완전히 새로운 디지털 세계로 몰입시켜, 현실에서는 경험할 수 없는 다양한 공간적 · 감각적 체험을 제공한다.

예를 들어, 사용자는 VR 헤드셋을 착용하고 실제로 존재하지 않는 가상 도시를 탐험하거나, 과거의 유적지, 우주 공간, 심해 등 현실에서는 접근이 불가능한 장소를 자유롭게 여행할 수 있다.

VR 환경에서는 주로 시각(3D 그래픽)과 청각(입체 음향)이 실감 나게 구현되지만, 최근에는 햅틱(촉각) 기술이 발전하면서, 진동이나 압력, 가벼운 충격 등 촉각 자극을 제공하는 특수 장갑이나 조끼, 컨트롤러 등도 등장하고 있다. 이를 통해 사용자는 가상 세계에서 물체를 만지거나, 움직임에 따라 진동을 느끼는 등 실제와 유사한 감각을 경험할 수 있다. 이러한 기술의 결합으로, 사용자는 마치 그 공간 안에 실제로 존재하는 것처럼 높은 몰입감(존재감, presence)을 느끼게 된다.

MR은 현실과 가상 세계가 실시간으로 결합된 환경을 제공한다. 사용자는 실제 물리적 공간에 존재하는 사물과, 디지털로 생성된 가상 객체를 동시에 인식하고, 이 둘을 자연스럽게 넘나들며 상호작용할 수 있다. 예를 들어, 현실의 책상 위에 가상 3D 모델을 띄워 놓고 손으로 회전하거나 분해해 보는 것이 가능하며, 가상 캐릭터가 현실 공간을 인식해 사용자의 동작에 반응하기도 한다. MR 기기(예: 마이크로소프트 홀로렌즈)는 사용자의 시선, 손동작, 음성 명령 등을 인식해 현실과 가상 요소가 자연스럽게 융합된 공간 경험을 제공한다. 이로써 사용자는 현실과 가상 요소를 경계 없이 오가며, 두 세계가 융합된 새로운 방식의 공간 경험을 할 수 있다.

이처럼 VR과 MR은 각각 현실과 가상의 경계를 다양한 방식으로 확장하며, 최근에는 시각·청각뿐 아니라 촉각 등 다양한 감각을 점차 정교하게 재현하고 있다. 특히, XR(AR, VR, MR) 환경에서는 사용자의 시선, 동작, 표정, 음성 등 방대한 행동 데이터가 실시간으로 생성된다. AI는 이러한 데이터를 효과적으로 수집·분석하여, 사용자가 몰입할 수 있는 환경을 동적으로 조정하는 핵심 역할을 담당한다. 예를 들어, 사용자가 특정 오브젝트에 시선을 오래 두면 AI가 그 오브젝트와 관련된 추가 정보를 제공하거나, 내러티브를 확장해 사용자의 흥미와 몰입을 유지한다. 또 사용자가 공간을 이동하거나 특정 행동을 취할 때마다 AI는 그에 맞는 새로운 경험을 즉각 생성해 낸다.

최근에는 대형 언어 모델(LLM, Large Language Model)을 활용해 XR 환경에서 발생하는 복잡한 사용자 행동 데이터를 구조적으로 기록 · 분석 · 시각화하고, 분석가가 쉽게 인사이트를 얻을 수 있도록 지원하는 통합 프레임워크(Explainable XR)도 제안되고 있다(Kim et al., 2025). 이러한 시스템은 사용자의 멀티모달 행동과 맥락을 정밀하게 해석하고, LLM 기반 자동 요약과 시각적 분석을 통해 몰입적 경험의 개인화와 맞춤형 내러티브 확장을 가능하게 한다. 이처럼 AI와 XR의 결합, 그리고 LLM 기반 행동 분석 프레임워크의 도입은 장소 경험을 개인화하고, 사용자의 참여와 반응에 따라 끊임없이 변화하는 동적인 공간을 구현한다. 사용자는 더 이상 공간의 수동적 소비자가 아니라, 공간의 의미와 이야기를 함께 만들어 가는 능동적 주체로 변화하고 있다(Kim et al., 2025).

이러한 기술적 · 경험적 변화가 실제로 사용자의 몰입감과 현존감에 어떤 영향을 미치는지 이해하려면, 몰입형 장소 경험의 심리적 기반을 살펴볼 필요가 있다. 롬바드와 디톤(Lombard & Ditton, 1997)은 프레즌스

(presence)를 “매개된 환경에서 매개되지 않은 것처럼 느껴지는 지각적 착각”으로 정의하며, 사용자가 디지털 환경에서 현실감과 몰입을 경험하게 하는 심리적 메커니즘임을 설명한다. 한편, 슈버트 등(Schubert et al., 2001)은 프레즌스 경험을 주로 공간적 프레즌스(spatial presence), 몰입(involvement), 실재감(realness)의 세 가지 구성 요소로 세분화하고, 이들 각 층위에서 인지적, 심리적 과정이 어떻게 몰입 경험을 만들어 내는지 분석했다.

현대의 AI 기술은 이 세 가지 프레즌스 차원을 더욱 정교하게 통합하고 강화하는 역할을 한다. 예를 들어, AI는 사용자의 위치, 행동, 감정 상태를 실시간으로 분석해 공간적 프레즌스를 높이고, 가상 캐릭터와의 상호작용을 통해 사회적 상호작용의 느낌을 증진하며, 사용자의 정체성과 반응을 반영하여 자아와 가상세계 간 일체감(자아 프레즌스)을 심화할 수 있다. 이러한 다차원적 통합은 XR 환경에서 몰입의 질을 높이고, 감각적 · 인지적 · 정서적으로 풍부한 사용자 경험을 제공한다.

따라서 AI와 XR의 결합은 장소 경험을 내러티브 중심이자 사용자 중심으로 재구성하는 혁신적 전환점이 된다. 미디어 철학자 매클루언이 언급했듯, 미디어는 인간의 감각과 인지를 확장하는 새로운 환경이다. XR은 감각의 확장이고, AI는 이 확장된 환경에 지능적 의미와 내러티브를 덧입힌다. AI는 사용자와 공간 사이의 서사적 상호작용을 심화하는 매개체로 작용하며, 장소의 경험 방식을 근본적으로 변화시킨다. AI와 XR의 융합은 장소를 살아 있는 이야기의 장으로 전환하고, 인간과 공간의 관계를 더욱 깊고 풍부하게 만들어 간다.

적응형 공간과 감성 컴퓨팅의 장소 만들기 적용

AI 기술의 발전은 사용자의 행동, 선호도, 감정 상태에 반응하는 적응형 공간(Adaptive Space)의 구현을 가능하게 한다. 이는 공간 디자인의 패러다임을 고정된 물리적 구조에서 유동적이고 반응하는 환경으로 전환하는 중요한 변화다.

이러한 변화의 핵심에는 감성 컴퓨팅(Affective Computing)이 있다. 감성 컴퓨팅은 인간의 감정을 인식, 해석, 처리하고 이에 반응하는 시스템을 개발하는 분야로, 1995년 매사추세츠공과대학(MIT) 미디어랩의 로절린드 피카드(Rosalind Picard)에 의해 창시되었다. 이 기술은 얼굴 표정, 음성 톤, 생체 신호, 행동 패턴 등 다양한 데이터를 분석하여 사용자의 감정 상태를 파악하고, 그에 적절히 대응하는 시스템을 구현한다. 감성 컴퓨팅은 몰입형 장소 경험에서 사용자의 정서적 상태에 따라 환경을 실시간으로 조정함으로써, 더욱 풍부하고 맞춤화된 공간 경험을 제공하는 데 중요한 역할을 한다.

신체화된 인지(Embodied Cognition) 이론에서는 인간의 인지 과정이 뇌의 정보 처리에만 국한되지 않고, 신체의 경험과 환경과의 상호작용을 통해 형성된다고 본다(Varela et al., 1991). 이러한 관점에서 AI 기반 몰입 환경은 단순한 시각적 스펙터클이 아니라, 신체적 · 감각적 · 정서적 차원을 통합한 총체적 경험으로 디자인되어야 한다.

적응형 건축(Adaptive Architecture)은 이러한 이론적 기반 위에 구체적인 디자인 실천을 모색하는 분야다. 홀거 슈넬바흐는 "적응형 건축은 사용자, 환경, 사회적 맥락의 변화에 대응하여 그 형태, 기능, 행동을 변화시키는 건축"으로 정의했다(Schnadelbach, 2010). AI는 이러한 적응성을 더욱 정교하고 지능적으로 구현하는 데 핵심적인 역할을 한다.

최근의 AI 기반 적응형 공간 설계는 데이터 수집, 실시간 분석, 사용자 피드백의 순환 구조를 통해 공간과 인간, 환경의 상호작용을 유기적으로 연결한다. AI 시스템은 사용자의 움직임, 감정, 생체 신호, 행동 패턴 등 다양한 데이터를 실시간으로 수집하고, 이를 바탕으로 조명, 온도, 공간 배치, 인터페이스 등 환경 요소를 동적으로 조정한다. 이러한 적응형 공간은 단순히 사용자의 요구에 반응하는 것을 넘어, 예측적 분석과 지속적 학습을 통해 사용자의 경험을 점진적으로 최적화한다.

특히 신체화된 인지 이론은 이러한 공간 설계의 이론적 정당성을 제공한다. 실제로 박물관, 전시 공간, 공공 건축 등에서는 체화된 인지적 특성을 반영한 몰입형 공간 디자인이 관람객의 참여도와 몰입도를 높이고, 감각적 · 정서적 경험을 극대화하는 데 기여하고 있다. 예를 들어, 관람객의 동선, 시선, 신체적 반응에 따라 전시 콘텐츠와 공간 분위기가 실시간으로 변화하는 박물관 사례도 등장하고 있다.

이처럼 AI, 신체화된 인지 이론, 감성 컴퓨팅의 결합은 공간을 단순한 배경이 아니라, 인간의 신체와 감각, 정서, 행동이 통합적으로 작동하는 총체적 경험의 장으로 진화시키고 있다. 실제로 2025년 현재, 오토데스크(Autodesk)의 오토캐드(AutoCAD), 레빗(Revit), 포르마(Forma) 등과 캐드지피티(CADGPT) 같은 AI 설계 도구가 상용화되어 시장에서 활발히 사용되고 있다. 앞으로의 적응형 건축과 몰입형 공간 디자인은 인간-공간-기술의 상호작용을 기반으로, 사용자의 심리 · 신체 · 문화적 특성에 최적화된 환경을 실시간으로 구현하는 방향으로 더욱 발전할 것이다.

멀티센서리 디자인과 AI의 감각 증강 가능성

몰입형 경험 디자인의 핵심 요소 중 하나는 다중 감각(multi-sensory) 접근이다. 기존의 전통적 디자인이 주로 시각 요소에 집중했다면, 오늘날의 몰입형 디자인은 청각, 촉각, 후각, 미각 등 모든 감각을 아우르며 더욱 풍부하고 입체적인 경험을 제공한다. AI 기술은 이러한 다중 감각 디자인을 더욱 정교하고 맥락화된 방식으로 구현할 수 있게 해 준다.

팔라스마(Pallasmaa, 2005)는 《건축과 감각(The Eyes of the Skin)》에서 현대 건축이 지나치게 시각 중심적으로 흐른다고 비판하며, 촉각적이고 다감각적인 건축 경험의 중요성을 강조했다. 그는 "진정한 건축적 경험은 본질적으로 다감각적"이라고 말하며, 공간이 모든 감각을 통해 체험되어야 함을 역설한다. AI 기반의 몰입형 디자인은 이러한 다감각적 접근을 기술적으로 실현할 새로운 가능성을 제시한다.

실제로 초음파 햅틱스(ultrasonic haptics), 디지털 향기 발생기(digital scent generators), 방향성 오디오(directional audio) 같은 첨단 기술들은 AI와 결합함으로써 물리적 공간에 다중감각적 레이어를 더할 수 있다. 이들 기술은 단독으로 사용될 때보다, AI가 실시간으로 사용자의 행동, 위치, 감정 상태 등 맥락 정보를 분석하여 조정할 때 훨씬 더 효과적이고 몰입적인 경험을 제공한다. 예를 들어, 몰입형 VR 테마파크 '더 보이드(The VOID)'에서는 AI가 사용자의 동선과 반응을 실시간으로 분석해 바람, 온도, 진동, 향기 등 다양한 감각 자극을 스토리텔링의 흐름에 맞게 동기화하여 실제와 유사한 몰입감을 구현한다.

감각 대체(sensory substitution)와 감각 증강(sensory augmentation)은 AI 기반 몰입형 디자인의 또 다른 중요한 영역이다. 이는 특정 감각의 한계를 다른 감각으로 보완하거나, 인간의 감각 능력을 확장하는 기술로, 물리적 제약을 넘어선 새로운 공간 경험을 가능하게 한다. 예를 들어, 시각 장애인을 위한 청각-시각 대체 시스템, 초음파나 적외선 등 인간이 감지하지 못하는 정보를 촉각이나 청각으로 변환하는 시스템 등이 실제로 개발되고 있다.

현대자동차는 '조용한 택시'에 적용된 ATC(Audio-Tactile Conversion) 기술을 단순히 청각장애인 운전자의 지원에 국한하지 않고, 모든 운전자의 이동 자유와 삶의 질을 높이는 '인간 중심' 미래 모빌리티 철학에 따라 지속적으로 발전시키고 있다. 이 기술은 경찰차, 소방차, 구급차의 사이렌뿐만 아니라 일반 차량의 경적, 후진 시 사물 근접 경고음 등 다양한 청각 정보를 AI 기반 알고리즘으로 실시간 분석해, 전방표시장치(HUD)에 방향성과 함께 다양한 정보를 직관적인 이미지로 시각화하고, 운전대에는 진동과 다양한 컬러의 LED 신호를 다단계로 발산해 촉각적으로 정보를 전달한다. 앞으로는 이러한 ATC 기술이 더욱 정교해져, 소리의 종류와 긴급도, 방향, 거리 등 다양한 청각 정보를 운전자 개개인의 특성과 주행 상황에 맞게 맞춤형 시각 · 촉각 신호로 변환함으로써, 운전 환경의 안전성과 편의성을 한층 더 극대화할 것으로 기대된다. 현대자동차는 이처럼 ATC 기술을 기반으로, 장애인뿐만 아니라 모든 사용자가 안전하고 자유롭게 이동할 수 있는 포용적이고 스마트한 미래 모빌리티 환경을 실현하는 데 주력하고 있다.

이러한 다중 감각적 접근은 단순한 기술적 실험을 넘어서, 인간의 공간 경험과 장소성 형성에 근본적인 변화를 가져온다. 메를로퐁티(Merleau-Ponty, 2012)의 현상학적 관점에서 감각은 단순한 수동적 수용이 아니라, 세계와의 적극적 관계 맺음의 방식이다. AI 기반 다중 감각 디자인은 이러한 인간-세계 관계의 새로운 가능성을 열어 주며, 공간을 더욱 풍부하고 의미 있는 경험의 장으로 확장한다.

참여적 장소 만들기와 AI의 상호작용적 역할

몰입형 경험 디자인의 핵심 특성 중 하나는 사용자의 능동적 참여와 상호작용이다. 사용자가 수동적 관찰자가 아니라 적극적 참여자로 공간을 경험할 때, 더 깊은 몰입과 의미 있는 장소 애착이 형성된다. 최근 AI 기술은 이러한 참여적 경험을 가능하게 하는 핵심 매개체로 부상하고 있다.

참여 디자인(Participatory Design)은 1970년대 스칸디나비아에서 시작된 접근법으로, 최종 사용자가 디자인 과정에 직접 참여하는 방법론이다. 이 원칙은 AI 기반 몰입형 장소 만들기에도 적용되고 있으며, 실제로 런던의 '더 크리스털(The Crystal)' 전시관이나 뉴욕의 '쿠퍼 휴잇 스미소니언 디자인 박물관(Cooper Hewitt Smithsonian Design Museum)'에서는 관람객이 디지털 태그, 인터랙티브 테이블, AI 기반 설문 시스템 등을 활용해 전시 콘텐츠를 직접 선택·조합하거나, 자신의 피드백이 실시간으로 전시 환경에 반영되는 사례가 있다. 이처럼 시민들이 자신의 환경을 공동으로 디자인하고 재구성하는 과정에서 AI는 창의적 파트너로 기능한다. 또한, 집단 지성(Collective Intelligence)과 AI의 결합은 참여적 장소 만들기의 또 다른 중요한 측면이다. 예를 들어, 구글의 '사이드워크 랩(Sidewalk Labs)' 프로젝트나 서울시의 '시민참여형 스마트시티 플랫폼'에서는 시민들의 집단적 지식과 경험이 AI 시스템과 결합되어, 도시 공간의 문제를 공동으로 진단하고 해결책을 설계하는 데 활용되고 있다. 이는 장소가 고정된 실체가 아니라 다양한 주체의 상호작용을 통해 지속적으로 재구성되는 과정임을 보여 준다.

몰입형 경험에서 내러티브와 놀이적 요소는 참여적 장소 만들기의 핵심적 측면으로 부각되고 있다. 대표적으로 일본 팀랩 보더리스(teamLab Borderless) 전시관에서는 AI와 센서 네트워크가 관람객의 움직임, 위치, 제스처, 체류 시간까지 실시간으로 감지한다. 이 데이터는 전시 공간 내 수백 대의 프로젝터, LED, 스피커, 인터랙티브 오브제와 연동되어, 관람객이 어디로 이동하고 무엇에 반응하는지에 따라 빛, 색, 사운드, 영상, 심지어 공간의 내러티브 구조까지 즉각 변화시킨다. 예를 들어, 관람객이 특정 작품 가까이 다가가면 빛의 패턴이 퍼지거나, 여러 명이 협력해 움직이면 새로운 오브제가 생성되어 공간 전체의 분위기가 달라진다. 팀랩 보더리스는 작품 간 경계가 존재하지 않으며, 관람객의 행동에 따라 작품들이 서로 영향을 주고받으며 공간 전체가 끊임없이 변화하는 '경계 없는 예술 세계'를 구현한다. 관람객은 단순한 감상자가 아니라, 자신의 움직임과 상호작용을 통해 전시 공간과 예술 작품의 일부가 되는 몰입 경험을 하게 된다.

가상현실 기반 도시 탐험 게임에서도 이와 유사한 원리가 적용된다. 사용자는 VR 헤드셋과 트레드밀(러닝머신) 장치를 착용하고 실제로 걷거나 뛰며, 도시 공간을 자유롭게 탐험한다. AI는 사용자의 이동 경로, 시선, 선택 행동을 실시간으로 분석해 새로운 미션이나 내러티브 분기를 제안하거나, 주변 환경의 사운드 · 조명 · 이벤트를 변화시킨다. 예를 들어, 사용자가 특정 건물에 접근하면 AI가 해당 건물의 역사적 정보를 제공하거나, 미션을 부여하는 등 맞춤형 상호작용이 가능하다.

또한, AI 기반 인터랙티브 미디어 아트에서는 관람객

의 표정, 음성, 동작 등 다양한 데이터를 AI가 실시간으로 해석해, 작품의 시각적 · 음향적 요소를 변화시키거나, 관객과 가상 캐릭터 간의 자연스러운 대화를 유도한다. 대표적으로 VR 인터랙티브 내러티브 〈벽 속의 늑대들(Wolves in the Walls)〉(Fable Studio, 2018-2019, 원작: 닐 게이먼(Neil Gaiman)과 데이브 매킨(Dave McKean)의 그림책, 2003)은 사용자의 움직임과 발화에 따라 스토리 전개와 캐릭터 반응이 달라지는 상호작용적 스토리텔링을 구현한다.

요약하자면, AI 기반 몰입형 경험 디자인은 물리적 공간과 디지털 기술이 통합된 새로운 장소성을 창출한다. 감각적 풍요로움, 적응형 환경, 참여적 상호작용을 통해 사용자와 공간 사이의 더 깊은 연결을 형성하며, 이러한 융합은 단순한 기술적 진보를 넘어 인간 경험의 확장과 변형을 가능하게 한다. 무엇보다 이 분야가 지속적으로 발전하기 위해서는 기술적 가능성과 인간 중심적 가치의 균형을 유지하는 것이 중요하다.

참고문헌

성호장(2023). “인터랙티브 내러티브에 관한 연구: VR 애니메이션 〈Wolves in the Walls〉의 분석을 중심으로”. 《트랜스-》, 15,

25~56쪽. https://doi.org/10.23086/trans.2023.15.02
KPMG(2025). "가상과 현실의 융합, XR 시대의 본격적인 도래". https://assets.kpmg.com/content/dam/kpmg/kr/pdf/2025/issue-monitor/%EC%82%BC%EC%A0%95KPMG-XR-20250321.pdf
Hyundai Motor Group(2025). "ATC(Audio-Tactile Conversion) 기술 및 조용한 택시 프로젝트 소개 자료". http://koreabizwire.com/hyundai-motor-develops-silent-taxi-a-dream-car-for-the-hearing-impaired/129791#google_vignette
BrandXR(2025). How AI is enhancing immersive experiences. https://www.brandxr.io/how-ai-is-enhancing-immersive-experiences
Grassi, J.(2022). teamLab Borderless: The role of play in immersive, interactive art exhibitions. Masters thesis, Concordia University. https://spectrum.library.concordia.ca/990914/1/Grassi_MA_F2022.pdf
Hua, M.(2021). Borderlessness: teamLab, Immersive Experience, and New Media Installation Art . Master's thesis, OCAD University. https://openresearch.ocadu.ca/id/eprint/3350/1/Hua_Muxuan_2021_MA_CADN_MRP.pdf
Kim, Y. et al.(2025). Explainable XR: Understanding User Behaviors of XR Environments using LLM-assisted Analytics Framework. *IEEE Transactions on Visualization and Computer Graphics*. arXiv:2501.13778.
Lombard, M. & Ditton, T.(1997). At the heart of it all: The concept of presence. *Journal of Computer-Mediated*

Communication, 3(2).
https://doi.org/10.1111/j.1083-6101.1997.tb00072.x

Merleau-Ponty, M.(2012). *Phenomenology of perception.* In Landes, D. A.(trans.). Routledge. (Original work published 1945).

Onix Systems(2025). How AI enables XR experiences. https://onix-systems.com/blog/ai-in-xr-experiences

Pallasmaa, J.(2005). *The eyes of the skin: Architecture and the senses(2nd ed.).* John Wiley & Sons.

MIT Media Lab Affective Computing Group(2025). Overview. MIT Media Laboratory. https://www.media.mit.edu/groups/affective-computing/overview/

Schnadelbach, H.(2010). Adaptive architecture: A conceptual framework. *Proceedings of MediaCity 2010*, pp.523~555. University of Plymouth.

Schubert, T., et al.(2001). The Experience of Presence: Factor Analytic Insights. *Presence: Teleoperators and Virtual Environments*, 10(3), pp.266-281. doi:10.1162/105474601300343603

Varela, F. J. et al.(1991). *The embodied mind: Cognitive science and human experience.* MIT Press.

Waardenburg, L. & Huysman, M.(2022). From coexistence to co-creation: Blurring boundaries in the age of AI. *Information and Organization, 32*(4), 100432. https://doi.org/10.1016/j.infoandorg.2022.100432

06
AI 기반 게임화와 도시 공간 혁신

게임화는 게임의 규칙, 보상, 도전 등 핵심 메커니즘을 비게임 맥락에 적용해 참여와 동기를 유발하는 전략적 접근법이다. AI와 결합할 경우, 도시 공간의 상호작용성과 몰입도를 높여 시민들이 적극적으로 참여하고 사회적 의미를 창출하는 플랫폼으로 발전할 수 있는 토대를 마련할 수 있다.

AI와 야구?

게임화와 AI 융합의 개념적 기초

게임화(Gamification)는 게임 디자인 요소와 원리를 비게임 맥락에 적용하여 사용자 경험과 참여도를 높이는 접근법이다. 디터딩과 동료들(Deterding et al., 2011)은 게임화를 "게임이 아닌 맥락에서 게임 디자인 요소의 활용"으로 정의했다. 이러한 게임 요소에는 점수, 레벨, 배지, 리더보드, 도전 과제, 보상 시스템 등이 포함되며, 이들은 사용자의 동기 부여, 행동 변화, 문제 해결 참여를 촉진하는 데 효과적이다.

최근에는 인공지능(AI) 기술과 게임화의 융합이 도시 공간에서의 시민 참여와 경험을 혁신적으로 변화시킬 새로운 가능성을 제시하고 있다. AI는 대량의 데이터를 실시간으로 분석하여 사용자 행동 패턴을 파악하고, 이를 바탕으로 개인화된 미션, 맞춤형 피드백, 동적 난이도 조정 등 더욱 정교한 게임화 요소를 제공할 수 있다. 예를 들어, AI는 시민 개개인의 이동 경로, 선호도, 참여 이력 등을 분석해 각기 다른 도전 과제나 보상을 제안함으로써, 도시 공간에서의 상호작용을 더욱 매력적이고 의미 있게 만든다. 이러한 AI 기반 게임화는 도시의 물리적 · 디지털 환경을 연결하며, 시민의 능동적 참여와 공동체적 경험을 동시에 증진할 수 있다.

하위징아(Huizinga, 1955)의 《호모 루덴스》에서 드러나듯, 놀이는 인간 문화 형성의 근간이자 문명화 과정의 본질적인 요소다. 그는 놀이를 "자유롭고, 진지하지만 일상과는 분리되며, 명확한 시공간 안에서 고유한 규칙에 따라 이루어지는 활동"으로 정의한다. 이러한 정의는 놀이가 단순한 여가나 오락의 차원을 넘어, 인간의 창의성, 자발성, 사회적 상호작용의 핵심적 토대임을 보여 준다.

이처럼 놀이가 지닌 본질적 특성은 디지털 기술이 일상에 깊숙이 스며든 현대 도시 환경에서 새로운 의미를 갖는다. 오늘날 게임화는 단순한 유희적 장치가 아니라, 놀이의 구조와 원리를 사회적 실천과 도시 경험의 한 방식으로 재해석하는 도구로 활용된다. 예를 들어, 위치 기반 증강현실(AR, Augmented Reality) 게임이나 미션형 도시 탐험 애플리케이션은 도시 공간을 놀이의 무대로 전환하며, 참여자의 경험을 능동적으로 확장한다. 이러한 도구들은 도시의 물리적 경계와 사회적 관계를 재구성하며, 시민이 도시를 새롭게 인식하고 체험하는 방식을 변화시킨다.

이러한 게임화 설계에서 중요한 심리적 메커니즘을 설명하는 이론이 바로 칙센트미하이(Csikszentmihalyi,

1990)의 '몰입(Flow)' 이론이다. 몰입은 과제 수행 시 집중, 통제감, 시간 왜곡 등의 현상이 나타나는 심리적 최적 상태를 의미한다. 칙센트미하이에 따르면, 몰입은 과업의 도전 수준과 참여자의 기술 수준이 균형을 이룰 때 발생하며, 명확한 목표와 즉각적인 피드백이 제공될 때 더욱 강화된다. 잘 설계된 게임화 시스템은 이러한 몰입 조건을 구현함으로써 사용자가 도시 환경과 상호작용하는 방식을 보다 몰입적이고 창의적인 체험으로 변화시킨다. AI는 이러한 몰입 경험을 더욱 정교하게 설계하고, 실시간으로 적응시키는 역할을 하여, 도시 경험의 질을 한층 높인다.

결과적으로, AI 기반의 인터랙티브 시스템과 게임화 요소는 점차 루디크(ludic)한 방식으로 공간 경험을 재구성하고 있으며, 이는 사용자의 몰입과 놀이 기반의 일상 실천을 통해 장소성 형성에 영향을 미칠 가능성을 제시한다. 이러한 경향은 놀이의 원리와 상호작용성이 공간 구조와 감각적 경험에 반영되는 형태로 나타나며, 이는 시민이 특정 공간과 정서적으로 더 깊이 연결되고, 공동체적 교류와 창의적 실천이 촉진되는 조건을 만들어 낸다. 나아가, 이러한 변화는 기술, 인간, 사회가 상호작용하는 미래 지향적 도시 환경의 새로운 모델로 기능할 수 있으며, 시민의 삶의 질과 문화적 경험의 확장 가능성을 보여 준다.

AI 기반 게임화의 도시 공간

2025년 현재, 인공지능과 게임화(gamification)는 도시 공간 혁신을 위한 핵심 전략으로 주목받고 있다. 이는 단순한 기술적 진보를 넘어, 스마트 시티 인프라 구축, 지속 가능한 교통 체계 조성, 공공 공간의 재구성, 시민 참여 확대, 지역 경제 활성화 등 도시 전반에 걸쳐 실질적인 변화를 이끌며, 도시를 보다 역동적이고 참여 중심적인 사회적 플랫폼으로 탈바꿈시키고 있다(Masso et al., 2025).

특히 스마트 모빌리티 영역에서는 AI 기반 데이터 분석과 게임화 요소가 결합된 교통 인센티브 시스템이 여러 도시에서 도입되고 있다. 시민은 자전거나 대중교통을 이용할 때마다 포인트를 적립하고, 이를 다양한 도시 혜택으로 교환할 수 있으며, AI는 시민의 이동 패턴을 실시간으로 분석하여 개인화된 미션과 보상을 제공함으로써 친환경 교통수단 이용을 효과적으로 장려하고 있다.

이와 함께, 서울과 광주 등 주요 도시의 공원과 보행자 거리에는 AR과 AI 기술이 결합된 인터랙티브 콘텐츠가 도입되어, 시민들은 도시 탐험, 공공 미술 감상, 스마트 놀이터 등 다양한 체험을 즐길 수 있게 되었다. 이러한 시스템은 실세계 데이터를 활용한 디지털 트윈 기술과 연계되어, 공공 공간을 단순한 통과 지점이 아닌 시민 참여와 체험의 장소로 전환하고 있다.

시민 참여형 거버넌스 분야에서도 변화가 나타나고 있다. AI와 게임화가 결합된 디지털 플랫폼을 통해 시민들은 도시 계획이나 사회적 이슈에 대해 아이디어를 제안하고, 이에 대한 보상을 받을 수 있으며, AI는 제안된 의견을 자동으로 분석·군집화하여 정책 설계에 반영한다. 세종과 순천 등 일부 도시에서는 이러한 플랫폼을 기반으로 시민 주도의 거버넌스를 실현하고 있다.

지역 경제 활성화 측면에서도 AI와 게임화의 결합은 의미 있는 변화를 이끌고 있다. 지역 상점 방문, 문화 행사 참여, 지역 생산품 구매 등에 따른 보상 시스템이 AI 기반으로 운영되며, AI는 시민의 선호도와 행동 패턴을 분석해 맞춤형 혜택과 지역 이벤트를 제안하고 있다. 나아가 AR 기술과 결합될 경우, 사용자들은 실시간으로 지역 상점이나 행사 정보를 탐색하고 즉각적인 보상을 받을 수 있어, 도시 내 소비와 참여를 동시에 촉진하는 선순환 구조가 형성되고 있다. 2025년 게이미피케이션 트렌드 분석에 따르면, 이러한 환경 및 경제 기반 게임화 전략은 도시 전역을 하나의 게임판처럼 구성하여 시민들이 공동의 목표를 향해 자발적으로 참여하도록 유도하는 방식으로 확산되고 있다.

게임 산업 자체에서도 변화가 활발히 일어나고 있다. 생성형 AI, 자연어 처리(NLP, Natural Language Processing), 음성 · 이미지 생성 기술 등 다양한 AI 기술이 게임 개발 과정에 도입되면서, 도시 공간에 접목된 새로운 형태의 시민 참여형 게임, 오픈월드 도시 시뮬레이션, AI 기반 커뮤니티 운영 모델이 등장하고 있다. 예를 들어, 부산 등 국내 주요 도시의 게임 개발사들은 AI를 활용해 게임 기획, 시나리오 구성, 퀘스트 자동 생성, 실시간 번역, 챗봇 서비스 등에서 획기적인 성과를 내고 있으며, 크래프톤의 '인조이(inZOI)'처럼 실제 도시를 기반으로 한 오픈월드 게임에서는 시민의 행동을 AI가 실시간 분석해 반응하는 시스템도 구현되고 있다.

이러한 흐름은 시장 전망에서도 분명히 나타난다. 글로벌 게임화 소프트웨어 시장은 2025년 132억 달러 규모로 성장할 것으로 예측되며, AI 기반 게임화는 단순한 엔터테인먼트 영역을 넘어 도시 서비스, 공공 정책, 시민 참여 등 다방면으로 확장되고 있다. 특히 GDC 2025(Global Developers Conference)와 같은 주요 국제 콘퍼런스에서는 AI와 게임화의 융합이 게임뿐 아니라 도시, 공공 영역 혁신의 핵심 트렌드로 다뤄지며, 그 중요성이 전 세계적으로 주목받고 있다.

결국, 2025년 현재 AI 기반 게임화는 교통, 공공 서비스, 시민 참여, 지역 경제, 게임 산업 전반에 이르기까지 도시 공간의 다양한 영역에서 실질적으로 적용되고 있으며, 도시를 단순한 물리적 장소가 아닌 역동적이고 참여 중심적인 사회적 플랫폼으로 진화시키는 핵심 동력으로 자리매김하고 있다. 인간의 창의성과 기술이 상호 보완적으로 작동하면서, 도시의 기획 · 운영 방식에 새로운 가능성을 제시하고 있는 것이다. 이는 도시를 고정된 공간이 아닌, 사용자 경험에 따라 반응하고 발전하는 동적 시스템으로 인식하게 만들고 있으며, 기술은 효율성의 도구를 넘어서 시민 참여와 사회적 가치 창출을 위한 촉매로 자리 잡고 있다.

참여적 도시 디자인과 집단 지성의 활용

AI 기반 게임화의 중요한 측면 중 하나는 참여적 도시 디자인을 촉진하고 집단 지성을 효과적으로 활용할 수 있다는 점이다. 전통적인 하향식(top-down) 도시 계획과 달리, 게임화는 시민의 상향식(bottom-up) 참여를 유도하여 더욱 포용적이고 혁신적인 도시 공간 창출에 기여할 수 있다. 이러한 접근의 대표적 사례로 참여적 디자인 게임(Participatory Design Games)이 있다. 브란트와 크리스티안손(Brandt & Christiansson, 2004)은 디자인 게임이 "이해관계자 간 협력적 디자인 과정을 구조화하고 지원하는 도구"임을 강조했다. 최근에는 AI가 시민의 아이디어를 실시간으로 시각화하고, 다양한 디자인 옵션의 효과를 시뮬레이션하며, 집단 선호도를 분석해 합의 도출을 지원하는 데 활용되고 있다. 실제 사례로 수란토 등(Suranto et al., 2024)은 인도네시아 신수도 도시 계획에서 로블록스(Roblox)를 게임화 도구로 활용해 아동의 도시 계획 참여를 이끌었고, 환경 및 공공시설 접근성 등 핵심 주제를 도출했다. 또한 응 등(Ng et al., 2024)은 VR 플랫폼 모질라 허브(Mozilla Hubs)를 활용한 디지털 게임화 공동 창조가 참여도와 지식 공유를 크게 높였다고 보고했다.

집단 지성(Collective Intelligence) 측면에서도 게임화는 다양한 배경과 전문성을 가진 시민의 지식과 창의성을 도시 문제 해결에 효과적으로 활용하는 방법이 될 수 있다. 수로비에츠키(Surowiecki, 2004)의 '군중의 지혜(Wisdom of Crowds)'에 따르면, 집단은 특정 조건에서 개인보다 더 현명한 결정을 내릴 수 있다. 최근에는 어바니스트AI(UrbanistAI)와 같은 AI 기반 도시 계획 플랫폼이 시민 참여형 워크숍, 공동 설계, 집단 선호도 분석 등에서 실제로 활용되고 있다.

AI의 도시 계획 역량 자체도 빠르게 발전하고 있다. 예를 들어, 최근 연구들은 AI가 3D 도시 모델링, 실시간 시뮬레이션, 교통 · 환경 데이터 분석 등 다양한 방식으로 도시 계획의 효율성과 창의성을 높이고 있음을 보여준다. 라티와 로(Lartey & Law, 2025)는 AI가 도시 계획 거버넌스에서 의사 결정 및 정책 수립의 정교화, 스마트시티 관리의 최적화에 중요한 역할을 한다고 체계적으로 리뷰했다.

여기에 시민 과학(Citizen Science) 접근법도 AI 기반 게임화와 결합될 수 있다. 시민 과학은 전문 연구자뿐만 아니라 일반 시민이 자발적으로 과학 연구 과정에 참여해 데이터를 수집하고 분석하는 활동을 의미한다. 이러한 접근법은 대규모 데이터 확보와 사회적 참여를 동시에 촉진할 수 있어 환경, 생태, 도시 문제 등 다양한 분야에서 활용되고 있다. 최근에는 시민 과학이 AI 기반 게임화와 결합해 더욱 혁신적인 방식으로 발전하고 있다. 예를 들어, 시민들은 모바일 앱이나 온라인 플랫폼을 통해 도시 환경, 생태계, 대기 질 등 다양한 데이터를 직접 관찰하고 기록할 수 있으며, 이 과정에서 포인트, 미션, 랭킹 등 게임화 요소는 사용자의 참여 동기를 높일 수 있다. AI는 시민이 수집한 데이터의 품질을 자동으로 검증하고, 오류나 이상치를 탐지하며, 대규모 데이터에서 의미 있는 패턴을 도출하는 데 중요한 역할을 한다.

일본의 바이옴(Biome) 모바일 앱은 이러한 융합의 대표 사례다. 바이옴 앱은 AI 기반 종 식별 알고리즘과 게임화 요소(랭킹, 배지, 챌린지 등)를 결합해, 시민들이 자연 관찰 사진을 업로드하면 AI가 자동으로 동식물 종을 판별하고, 사용자에게 포인트와 보상을 제공한다. 2019년 출시 이후 2023년 기준으로 600만 건 이상의 생물 관찰 데이터가 축적되었으며, 이는 일본 내 시민 과학 데이터베이스 구축과 생물 다양성 연구에 크게 기여하고 있다(KC & Sapkota, 2025). 이처럼 AI와 게임화, 시민 과학의 결합은 도시 및 환경 데이터의 신뢰성과 활용도를 높이고, 시민의 자발적 참여를 이끌어 내는 효과적인 방법으로 주목받고 있다.

2024~2025년의 실제 프로젝트들은 이러한 이론적 접근이 현실에서 구현되고 있음을 보여 준다. 카보라스 등(Kavouras et al., 2025)이 발표한 유폴리스(euPOLIS)

게임은 VR(가상현실)/AR(증강현실) 게임화 설루션을 통해 커뮤니티 역량을 강화하는 혁신적인 참여 도구로 주목받고 있으며, 오픈소스 소프트웨어와 오픈 GIS 데이터를 활용하여 비전문가들도 쉽게 참여할 수 있는 도시 계획 과정을 제공한다. 또한 토비아스와 보로스(Tobias & Boros, 2025)의 헝가리 도시 계획에서의 참여적 계획과 게임화에 관한 연구는 포스트 사회주의 국가에서도 게임화를 통한 시민 참여가 가능함을 입증하며, 의사 결정자들이 참여적 접근법과 게임화 기술 사용에 개방적이라는 점을 확인했다.

이처럼 AI 기반 게임화는 단순한 기술적 혁신을 넘어 도시 계획의 민주화와 집단 지성의 체계적 활용을 가능하게 하는 강력한 도구로 자리 잡고 있으며, 전 세계 다양한 도시에서 진행되는 실제 프로젝트들을 통해 그 효과성이 지속적으로 검증되고 있다.

AI 기반 게임화의 윤리적 고려 사항과 과제

AI 기반 게임화는 도시 공간 혁신의 새로운 가능성을 열고 있다. 기존에는 오락 중심의 가상 세계에 국한되어 있었으나, 최근에는 실제 도시 문제 해결, 시민 참여, 교육, 문화유산 보존 등 다양한 현실 영역에 게임화 적용이 확산되는 추세다. 이러한 변화는 인공지능 기술의 발전과 데이터 활용 환경의 고도화, 시민의 디지털 역량 향상에 힘입은 바가 크다.

특히, AI와 게임화 시스템은 도시 설계, 인프라 관리, 커뮤니티 활성화 등에서 시민의 참여와 창의성을 촉진하는 도구로 주목받고 있다. 대표적인 사례로 영국 런던 크로이던(Croydon) 지역에서 진행된 '인텐시티(IntenCity)' 프로젝트를 들 수 있다. 이 프로젝트는 도시 밀도 증가와 지속 가능한 성장, 교통 중심 개발(Transit-Oriented Development), 다기능 복합 도시 지구 조성을 목표로 한 혁신적 도시 실험이다. 핵심은 게임화 방식을 적극 도입해, 시민이 직접 도시 공간의 미래를 설계하고 실험할 수 있도록 한 점이다.

인텐시티에서는 시뮬레이션 기반의 게임화 플랫폼을 통해 시민들이 토지 이용 비율, 보행 네트워크, 녹지 공간 등 다양한 요소를 직접 조정하며, 여러 도시 공간 시나리오를 실험할 수 있었다. 예를 들어, 사용자는 주거, 상업, 문화, 공공시설 등 다양한 용도의 토지 배분을 게임 내에서 선택하고, 교통 허브 중심 개발 전략이나 녹지 연계 방안, 도로망 재편 등 다양한 정책 옵션을 직접 테스트할 수 있다. 이 과정에서 4D 시뮬레이션을 활용해 시간의 흐름에 따른 도시 변화와 인구, 교통, 환경 영향까지 예측할 수 있도록 설계되었다.

이러한 게임화 실험은 단순한 가상 체험을 넘어 실제 도시 정책과 연계된다. 크로이던 자치구는 2025년 '그로스 플랜(Growth Plan)'과 함께 1억 파운드(약 1800억원) 규모의 도시 재생 및 인프라 투자 계획을 발표했으며, 이 과정에서 시민 의견 수렴과 시나리오 실험이 중요한 역할을 했다. 특히 크로이던은 런던 내에서도 교통 중심 개발, 고밀도 주거, 복합용도 지구, 창의 산업 및 게임 · 디지털 기술 허브로 빠르게 성장하고 있어, 게임화 방식의 도시 실험이 실제 정책 결정과 실행에 실질적 영향을 미치고 있다 .

인텐시티 프로젝트의 또 다른 특징은 다양한 이해관계자(시민, 전문가, 공공기관, 기업 등)가 게임화 플랫폼을 통해 실시간으로 의견을 교환하고, 도시 공간의 변화 과정을 체험하며, 그 결과를 시각적으로 확인할 수 있다는 점이다. 이를 통해 지역사회 참여를 촉진하고, 도시 성장의 방향성을 함께 모색하는 협력적 거버넌스 모델이 구현되고 있다.

이처럼 인텐시티는 게임화와 AI, 시뮬레이션 기술을 결합해 도시 공간의 미래를 시민이 주도적으로 설계하고 실험하는 새로운 도시 혁신 모델로 주목받고 있다. 크로이던 사례는 도시 밀도 증가와 지속 가능한 성장, 교통 중심 개발, 다기능 복합 지구 조성 등 현대 도시의 핵심 과제를 해결하는 데 게임화 기반 참여 실험이 실질적 정책 도구로 활용될 수 있음을 보여 준다 .

국내외 기업과 기관 들은 AI와 게임화의 결합이 사용자 맞춤형 서비스, 효율적 의사 결정, 창의적 콘텐츠 생산 등에서 긍정적 효과를 내고 있다고 평가한다.

그러나 이러한 기술이 진정으로 포용적이고 지속 가능한 도시 발전에 기여하기 위해서는 윤리적 고려 사항과 실천적 과제를 동시에 검토해야 한다. 첫째, 디지털 격차와 접근성 문제가 있다. AI와 게임화 시스템은 디지털 기기와 네트워크에 접근할 수 있는 시민들에게 더 많은 혜택을 제공하는 경향이 있다. 만약 이러한 시스템이 특정 계층에만 집중된다면, 디지털 접근성이 낮은 노년층, 저소득층, 장애인 등 사회적 약자들은 참여 기회에서 배제될 수 있다. 이로 인해 기존의 정보 격차와 사회적 불평등이 더욱 심화되고, 도시 혁신의 혜택이 일부 집단에만 국한되는 결과를 초래할 수 있다. 따라서 모든 시민이 동등하게 접근하고 참여할 수 있는 포용적 시스템을 설계하는 것은 매우 중요한 윤리적 과제다.

둘째, 데이터 프라이버시와 감시에 대한 우려도 크다. AI 기반 게임화 시스템은 대량의 데이터를 수집 · 분석하는 과정에서 시민의 프라이버시를 침해할 가능성이 있으며, 이런 데이터가 과도한 감시나 통제의 수단으로 악용될 수 있다는 점도 지적된다. 이에 따라 투명한 데이터 정책을 마련하고, 시민이 자신의 데이터에 대한 통제권을 가질 수 있도록 보장하는 것이 필수적이다. 이는 시민의 기본권 보호와 투명성 확보라는 윤리적 원칙과 직결된다.

셋째, 게임화 설계의 윤리성도 중요하다. 게임화 요소가 시민 행동을 특정 방향으로 유도하거나, 과도한 경쟁을 조장해 협력적 문화를 저해할 수 있다는 점도 간과할 수 없다. 이는 자율성과 신뢰, 책임성 등 시민의 윤리적 가치에 영향을 미칠 수 있으므로, 다양한 이해관계자가 참여하는 투명한 설계 과정과 부정적 영향에 대한 사전 검토가 반드시 필요하다.

실천적 · 운영적 측면에서는 지속 가능성과 장기적 동기 부여 문제가 제기된다. 많은 게임화 시스템이 도입 초기에는 높은 참여율을 보이지만, 시간이 지나면서 시민의 관심이 줄어드는 현상이 나타난다. AI는 참여 패턴을 분석해 적응형 시스템을 설계할 수 있지만, 궁극적으로는 시민의 내재적 동기를 강화하는 방향으로 발전해야 한다. 또 AI와 게임화 기술이 빠르게 변화하는 만큼, 새로운 시스템이 실제로 시민들에게 수용되고 긍정적으로 작동하는지에 대한 지속적인 평가와 개선이 필요하다. 이를 위해 시민 교육, 피드백 수렴, 사용자 경험 개선 등이 함께 이루어져야 한다.

한편, 국내외 게임업계와 도시 혁신 현장에서는 생성형 AI와 게임화의 결합이 콘텐츠 개발, 사용자 경험, 데이터 분석 등 다양한 분야에서 실제로 활용되고 있다. 예를 들어, 생성형 AI는 게임 내 환경 구축, 캐릭터 모델링, 스토리텔링 등에서 개발 효율성과 창의성을 크게 높이고 있으며, 이러한 기술은 도시 공간 설계와 시민 참여형 프로젝트에도 점차 적용되는 추세다.

결론적으로, AI 기반 게임화는 도시의 정책 결정, 인프라 관리, 시민 참여 등 다양한 영역에서 혁신을 이끌 수 있는 잠재력을 지니고 있다. 그러나 이러한 기술적 진보가 진정한 사회적 가치로 이어지기 위해서는 사회적 · 윤리적 고려가 반드시 병행되어야 하며, 포용적이고 책임감 있는 설계와 운영이 이루어져야만 지속 가능한 도시 혁신이 가능하다. 이를 위해서는 기술 개발 단계부터 시민 각계각층의 목소리 반영, 데이터 투명성과 개인정보 보호 강화, 온라인 플랫폼을 통한 의견 수렴, 시민이 일상에서 직접 참여해 지역이나 도시의 문제를 함께 찾고 해결책을 실험·구현하는 개방형 혁신 플랫폼인 리빙랩 등 현장 실험 기반의 시민 참여 확대, 실질적인 피드백 체계 구축 등 다양한 노력이 필요하다. 또한, 지역의 특성과 문화적 다양성을 존중하는 맞춤형 정책과 디자인이 병행될 때, AI 기반 게임화는 단순한 기술 도입을 넘어 진정한 사회적 혁신의 동력으로 자리 잡을 수 있다.

이러한 목표는 기술, 디자인, 사회적 가치가 조화롭게 통합된 접근을 통해 실현될 수 있으며, 앞으로도 지속적인 평가와 개선, 그리고 다양한 이해관계자의 협력이 필수임을 잊지 말아야 한다. 궁극적으로, AI와 게임화는 도시의 미래를 더 공정하고 창의적이며 지속 가능하게 만드는 데 중요한 역할을 할 것으로 기대된다.

참고문헌

한국콘텐츠진흥원(2025.5). "글로벌 게임산업 트렌드". 《GGIT(Global Game Industry Trend)》, 71. https://www.kocca.kr/global/2025_5+6/index.html

Akbar, P. N. G., et al.(2024). The use of gamification for participatory smart city planning of Indonesia's new capital. *International Journal of Urban Sciences*, 28(3), 382 – 399. https://doi.org/10.1080/12265934.2024.2382699

Brandt, E. & Christiansson, J.(2004.7). Facilitating collaboration through design games. *Proceedings of the 8th Conference on Participatory Design.* https://www.researchgate.net/publication/221631290_Facilitating_collaboration_through_design_games

Chemier, B. & Hotsko, J.(2024.9.10). Bringing communities together through AI-driven urban planning. *UNDP Accelerator Labs.* https://www.undp.org/acceleratorlabs/blog/bringing-communities-together-through-ai-driven-urban-planning

Csikszentmihalyi, M.(1990). *Flow: The psychology of optimal experience.* Harper & Row. 최인수 옮김(2018). 《몰입 Flow: 미치도록 행복한 나를 만난다》. 한울림.

Deterding, S. et al.(2011.9). From game design elements to gamefulness: Defining gamification. *Proceedings of the 15th International Academic MindTrek Conference.* https://www.researchgate.net/publication/230854710_From_Game_Design_Elements_to_Gamefulness_Defining_Gamification

Ghisleni, C.(2024.2.8). Artificial intelligence and urban planning: Technology as a tool for city design. ArchDaily. https://www.archdaily.com/1012951/artificial-intelligence-and-urban-planning-technology-as-a-tool-for-city-design

Huizinga, J.(1955). *Homo Ludens: A study of the play-element in culture.* Beacon Press.

Kavouras, I. et al.(2025.3.10). Empowering communities through gamified urban design solutions. *Smart Cities, 8*(2). https://www.mdpi.com/2624-6511/8/2/44

KC, S. & Sapkota, A.(2025.2). Can gamification save the planet? Revolutionizing citizen science for biodiversity conservation. *Biological Conservation, 302.* https://doi.org/10.1016/j.biocon.2025.111001

Lartey, D., & Law, K. M. Y.(2025). Artificial intelligence adoption in urban planning governance: A systematic review of advancements in decision-making, and policy making. *Landscape and Urban Planning*, 258, Article 105337. https://doi.org/10.1016/j.landurbplan.2025.105337

Masso, A. et al.(2025). Using gamification to engage citizens in micro-mobility data sharing. *Data in Brief, 61*, 111676. https://doi.org/10.1016/j.dib.2025.111676

Ng, P. et al.(2024). Digitally gamified co-creation: Enhancing community engagement in urban design through a participant-centric framework. *Design Science*, 10. https://www.ivysci.com/en/articles/5057028__Digitally_gamified_cocreation_enhancing_community_engagement_in_urban_design_through_a_participantce

Sanders, E. B.-N., & Stappers, P. J.(2008). Co-creation and the new landscapes of design. *CoDesign*, 4(1), 5-18. https://doi.org/10.1080/15710880701875068

Surowiecki, J.(2004). *The wisdom of crowds: Why the many are smarter than the few and how collective wisdom shapes business, economics, societies and nations.* Doubleday.

Tobias, K. & Boros, L.(2025). Participatory planning and gamification: Insights from Hungary. *Land, 14*(3), 573. https://doi.org/10.3390/land14030573

07
AI와 공동 창조 공간 설계

AI와 공동 창조는 장소 만들기에 민주적이고 혁신적인 접근을 제시한다. 다양한 이해관계자의 참여를 촉진하는 공동 창조에 AI는 의견 분석과 디자인 시뮬레이션을 통해 기여하며, 개인과 공동체의 요구를 반영한 공간을 제안한다. 이는 공간 소외를 줄이고 공동체의 주체성과 장소 애착을 높이는 데 기여할 수 있다.

AI와 윤동주?

공동 창조의 개념과 AI의 역할

공동 창조는 디자인 과정에 다양한 이해관계자들이 함께 참여하여 집단적 창의성을 발휘하는 협력적 접근법이다. 프라할라드와 라마스와미(Prahalad & Ramaswamy, 2004)는 공동 창조를 "가치 창출의 공동 과정"으로 정의하며, 이를 통해 소비자와 생산자 간의 전통적인 구분이 허물어진다고 설명했다. 공간 디자인 맥락에서 공동 창조는 전문가 중심의 하향식 접근에서 벗어나, 사용자와 지역 공동체가 주체가 되는 상향식 접근으로의 패러다임 전환을 의미한다.

샌더스와 스태퍼스(Sanders & Stappers, 2008)는 공동 디자인(Co-Design)을 "디자인 과정의 전 단계에 걸쳐 이루어지는 집단적 창의성"으로 정의하며, 디자이너와 비디자이너(예: 사용자, 거주자)가 함께 협력해 디자인 과정을 이끌어 가는 모델을 제시했다. 이러한 접근법은 공간의 실제 사용자들이 지닌 암묵적 지식과 경험을 설계에 반영함으로써, 보다 현실적이고 지속 가능한 해결책을 도출할 수 있게 한다.

이러한 공동 창조의 진화는 AI 기술의 도입을 통해 한층 더 확장되고 있다. 첫째, AI는 참여자들의 의견과 피드백을 수집 · 분석하여 패턴과 통찰을 도출할 수 있으며, 자연어 처리(NLP, Natural Language Processing)나 감성 분석 기술을 통해 정성적 데이터에서도 유의미한 정보를 추출해 낸다. 이 과정에서는 버트(BERT)나 GPT 같은 최신 언어 모델이 활용되어 참여자들의 피드백에서 핵심 주제와 감정을 추출하고, 비정형 데이터에서도 유의미한 인사이트를 얻을 수 있다(Marti & Chalmers, 2023).

둘째, 생성형 AI는 다양한 디자인 대안을 신속하게 제시하고 시뮬레이션할 수 있어, 참여자들이 여러 가능성을 탐색하며 더 나은 선택을 할 수 있게 돕는다. 특히 생성형 AI 모델은 사용자들의 아이디어를 바탕으로 새로운 형태, 구조, 콘셉트를 제안함으로써 창의적인 발산을 촉진한다. 스테이블 디퓨전(Stable Diffusion)이나 미드저니(Midjourney) 같은 생성형 AI는 텍스트 프롬프트만으로도 상세한 공간 디자인 시각화가 가능해져, 전문 시각화 역량이 없는 참여자들도 자신의 아이디어를 표현할 수 있게 되었다.

셋째, AI는 공동 창작 과정을 더욱 포용적(inclusive)으로 만들어, 기술적 제약이나 전문 지식이 부족한 참여자, 혹은 기존 디자인 프로세스에서 소외되었던 집단의 목소리도 반영할 기회를 제공한다. 실시간 번역 AI, 음성-텍스트 변환 기술, 직관적 인터페이스 등은 언어적, 신체적 제약을 가진 사람들도 디자인 과정에 참여할 수 있게 하는 데 크게 기여하고 있다.

산업 현장의 공동 창조 사례

이러한 기술 기반의 공동 창조는 최근 산업 현장에서 실제로 구현되고 있다. 패션 산업에서는 맞춤형 생산(customization)이 두드러진다. 크록스(Crocs)와 유니클로(UNIQLO) 등은 소비자가 참, 지비츠, 패치 등 다양한 부가 요소를 직접 조합할 수 있는 오프라인 경험 공간이나 DIY(Do It Yourself) 옵션을 제공한다. 이처럼 브랜드는 소비자가 개성을 표현할 수 있는 플랫폼을 마련하고, 소비자는 창의적으로 제품을 구성함으로써 사용자 주도형 가치 창출 구조가 형성되고 있다.

도시 계획 분야에서도 혁신적인 공동 창조 사례가 등장하고 있다. 바르셀로나의 '슈퍼블록(Superblock)' 프로젝트는 디지털 기술과 시민 참여를 결합해 교통 흐름과 공공 공간 설계를 효율적으로 개선한 대표적 사례다. 이 프로젝트에서는 수천 명의 시민이 온라인 플랫폼을 통해 의견과 아이디어를 제안했고, 수집된 데이터는 첨단 분석 기법을 통해 도시 공간 재구성의 방향을 결정하는 데 활용되었다. 이러한 접근 방식은 도시의 공공 공간을 보다 안전하고 쾌적하게 만드는 데 기여하고 있다(서울연구원, 2025).

핀란드 헬싱키의 '헬싱키 에너지 챌린지(Helsinki Energy Challenge)'는 도시 에너지 시스템 혁신을 위한 국제적 공동 창조의 대표 사례다. 이 프로젝트에는 전 세계 35개국 252개 팀이 참여해 헬싱키의 탄소 중립 난방 시스템 구축을 위한 다양한 설루션을 제안했다. 특히 헬싱키는 시민, 전문가, 기업 등 다양한 이해관계자가 개방형 플랫폼에서 실질적으로 협력할 수 있도록 설계해, 도시의 미래 에너지 전략에 폭넓은 사회적 합의와 혁신을 이끌어 냈다.

제안된 설루션들은 실현 가능성, 비용 효율성, 환경 영향 등 다양한 기준에 따라 전문가 평가와 다각적 검토를 거쳤다. 헬싱키는 이 과정에서 단순한 기술 공모를 넘어, 실제 도시 운영에 적용 가능한 대안을 도출하고, 시민과 이해관계자가 도시 에너지 전환 과정에 적극 참여할 수 있는 구조를 마련했다.

또 헬싱키는 이미 머신러닝 기반 난방 수요 예측 시스템, 도시 인프라 관리, 공공 서비스 챗봇 등 다양한 분야에서 AI와 데이터 분석 기술을 적극적으로 도입하고 있다. 예를 들어, 에너지 기업 헬렌(Helen)과 AI 기업 실로 ai(SILO.ai)가 협력해 구축한 난방 수요 예측 시스템은 에너지 효율을 높이고 탄소 배출을 줄이는 데 실질적으로 기여하고 있다. 이러한 기술적 역량과 개방형 협업 구조는 도시 에너지 인프라 혁신과 탄소 중립 전환에 중요한 역할을 하고 있으며, 헬싱키의 경험은 글로벌 스마트 시티와 공동 창조 혁신의 모범 사례로 주목받고 있다(스마트도시포털, 2021).

참여적 장소 만들기와 AI 지원 공동 창조 체계

참여적 장소 만들기는 지역 공동체가 환경 계획과 디자인에 직접 참여하는 접근법으로, AI 기술은 이 과정을 다각도로 지원한다. AI 지원 워크숍과 협업 플랫폼은 실시간 번역, 자동 기록, 시각화 도구를 통해 다양한 배경의 참여자들이 효과적으로 소통할 수 있게 한다. 현장 데이터 수집과 실시간 피드백 시스템은 모바일 앱, 센서 네트워크, 증강현실(AR, Augmented Reality) 도구를 활용해 참여자들이 환경 데이터를 수집하고 공유하도록 지원하며, AI는 이 데이터에서 유의미한 패턴을 발견하여 디자인에 반영한다.

AI와 공동 창조의 결합은 적응형 공간 설계와 장소 정체성 형성에 기여한다. 적응형 공간은 사용자의 필요와 선호에 동적으로 반응하는 지능형 환경으로, 공동 창조 과정을 통해 이러한 적응성의 매개변수를 설정함으로써 공간이 공동체의 가치를 반영하며 변화할 수 있다. 프로샌스키(Proshansky, 1978)가 정의한 장소 정체성은 개인과 장소 간의 인지적, 정서적 관계를 의미하며, AI 공동 창조는 이 과정에 공동체 구성원들이 적극적으로 참여하게 함으로써 더욱 강력한 장소 애착을 촉진한다.

AI 공동 창조의 문화적 맥락과 평가

AI 공동 창조의 접근법은 문화적 맥락에 따라 상당한 차이를 보일 수 있다. 서구 사회에서는 개인의 자율성과 의견 표현에 중점을 두는 반면, 동아시아 문화권에서는 집단적 조화와 합의 과정이 더 중요시된다. 한국의 경우, 마을 만들기 사업에서 AI 기반 공동 창조 플랫폼을 도입할 때 이러한 문화적 특성을 반영할 필요가 있다. 예를 들어, 서울시의 '스마트 시민랩' 프로젝트는 한국적 맥락에서 마을 공동체의 의사 결정 구조를 존중하면서도 AI 기술을 통해 다양한 의견을 수렴하는 균형을 시도하고 있다(Kim & Park, 2022).

AI 공동 창조 프로세스의 성공을 평가하기 위해서는

다양한 지표와 측정 방법론이 필요하다. 양적 지표로는 참여자 수, 제안된 아이디어의 수, 구현된 설루션의 수 등이 있다. 질적 지표로는 참여자 만족도, 결과물에 대한 공동체 수용도, 장소 애착 증가 정도 등이 있다. 특히 '포용성 지수(Inclusion Index)'는 다양한 인구 집단의 참여 정도와 의견 반영 수준을 측정함으로써 AI 공동 창조 과정이 얼마나 민주적이고 공정했는지 평가하는 데 유용하다. 또한 '지속 가능성 영향 평가(Sustainability Impact Assessment)'는 AI 공동 창조를 통해 설계된 공간이 환경적, 사회적, 경제적 측면에서 장기적으로 어떤 가치를 창출하는지 측정하는 프레임워크를 제공한다 (Marti & Chalmers, 2023).

AI 공동 창조의 윤리적 고려 사항과 미래 방향

AI 공동 창조는 장소 만들기의 패러다임을 변화시키는 혁신적 접근법이지만, 윤리적 고려 사항 또한 중요하다. 특히 소자(Soja, 2010)가 정의한 '공간 정의(spatial justice)'는 공간이 누구에게나 공정하게 배분되고 사용될 수 있어야 한다는 원칙을 강조한다. 이러한 정의로운 공간을 실현하기 위해서는 다양한 사람들의 관점과 요구를 수집하고 체계적으로 반영할 수 있는 기술이 필요하며, AI는 바로 그 역할을 수행할 수 있는 도구가 된다.

그러나 AI 시스템 자체가 내재된 편향이나 불평등을 강화할 위험도 있다. 알고리즘 편향과 데이터 불평등은 AI 기반 디자인 결과에 왜곡을 가져올 수 있으며, 이는 오히려 불공정한 공간을 재생산할 위험이 있다. 또한 디지털 리터러시가 낮은 사람들은 첨단 AI 공동 창조 플랫폼에 접근하기 어려울 수 있으며, 이는 새로운 형태의 배제와 불평등을 초래할 수 있다.

이러한 문제를 해결하기 위해 로렌초와 동료들(Lorenzo et al., 2018)은 '책임 있는 AI 공동 창조(Responsible AI Co-Creation)' 프레임워크를 제안했다. 이 프레임워크는 투명성, 설명 가능성, 공정성, 포용성, 프라이버시, 안전성 같은 원칙을 기반으로, AI 공동 창조의 설계와 실행 전반에 걸쳐 윤리적 기준을 적용해야 한다고 강조한다. 예를 들어, AI 알고리즘의 의사 결정 과정을 투명하게 공개하고, 다양한 집단의 요구를 균형 있게 반영하는 데이터셋을 구축하며, 기술 접근성 격차를 해소하기 위한 지원 시스템을 마련하는 것이 필요하다.

AI 공동 창조의 지속 가능성을 확보하기 위해서는 단발적 참여를 넘어, 설계 이후에도 지속적인 모니터링과 평가, 피드백을 기반으로 한 적응형 관리 체계가 마련되어야 한다. 특히 AI 시스템이 학습하고 진화함에 따라, 이러한 시스템이 공동체의 가치와 필요를 계속해서 반영할 수 있도록 정기적인 재훈련과 조정이 필요하다.

미래의 AI 공동 창조는 더욱 정교한 기술들과의 융합을 통해 새로운 가능성을 제시할 것이다. 분산형 자율조직(DAO, Decentralized Autonomous Organization)과 블록체인 기반의 투명한 거버넌스 시스템은 공동 설계와 의사 결정 구조를 보다 민주적이고 신뢰 가능하게 만들 수 있다. 디지털 트윈(Digital Twin)과 AI 시뮬레이션 기술은 다양한 공간 설계 시나리오에 대한 정밀한 예측과 영향 분석을 가능하게 하며, 생성형 AI는 참여자들의 아이디어를 보다 직관적이고 창의적인 방식으로 시각화함으로써, 누구나 설계 과정에 의미 있게 기여할 수 있는 환경을 조성한다.

결국, AI 공동 창조의 궁극적 목적은 기술 자체가 아니라, 그 기술을 통해 더 살기 좋고, 포용적이며, 지속 가능한 공간을 공동체 구성원들과 함께 만들어 가는 것에 있다. 이는 기술적 혁신과 사회적 가치의 조화, 그리고 전문가 지식과 시민 경험의 융합을 통해 실현될 수 있으며, 이러한 윤리적이고 협력적인 접근이야말로 AI 시대의 공간 창조가 지향해야 할 미래의 방향이라 할 수 있다.

참고문헌

스마트도시포털(2021.2.2). “미래를 준비하는 핀란드 AI 산업”. https://smartcity.go.kr/2021/02/02/미래를-준비하는-핀란드-ai-산업/

Kim, J. H. & Park, S. Y.(2022). Integrating traditional community values and AI technologies in Korean urban regeneration projects. *Journal of Urban Technology, 29*(3), pp.45~63.

Lorenzo, O. et al.(2018). Responsible AI Co-Creation: Guidelines for inclusive and ethical technology development. *Journal of Business Ethics, 160*(1), pp.103~119.

Marti, P. & Chalmers, M.(2023). Evaluating inclusive AI co-design: Metrics and methodologies for sustainable place-making. *AI & Society, 38*(2), pp.642~659.

Prahalad, C. K. & Ramaswamy, V.(2004). Co-creation experiences: The next practice in value creation. *Journal of Interactive Marketing, 18*(3), pp.5~14.

Proshansky, H. M.(1978). The city and self-identity. *Environment and Behavior*, 10(2), 147-169. https://doi.org/10.1177/0013916578102002

Soja, E. W.(2010). *Seeking spatial justice*. University of Minnesota Press.

08
AI 에이전트 기반 지능형 공간 구축

확장현실(XR)과 인공지능(AI)의 융합은 인간의 장소 경험을 한층 더 확장하고 있다. AI 에이전트는 센서와 다양한 데이터를 기반으로 환경을 실시간으로 해석하고 조율하며, 사용자의 의도와 감정, 사회적 상호작용까지 점점 더 정교하게 반영하는 방향으로 발전하고 있다. 이러한 변화는 장소를 만드는 방식과 장소성의 의미 자체를 새롭게 정의할 필요성을 제기한다.

AI와 한의학?

AI 에이전트 기반 지능형 공간 구축의 진화와 미래

확장현실(XR, eXtended Reality)은 가상현실(VR, Virtual Reality), 증강현실(AR, Augmented Reality), 혼합현실(MR, Mixed Reality)을 포괄하는 기술로, 물리적 공간과 디지털 요소가 실시간으로 상호작용하며 사용자 경험을 크게 확장한다. 장소를 "의미가 부여된 공간"으로 정의할 때, XR은 공간에 담기는 의미와 애착의 방식, 그리고 범위를 근본적으로 넓히고 있다.

특히 메타버스 플랫폼에서는 사용자가 아바타를 통해 정체성을 표현하고, 가상 공간에서 사회적 관계를 형성하며, 디지털 자산을 소유 · 교환하는 과정에서 새로운 형태의 장소 애착이 생성된다. 이러한 XR 기반 공간 경험의 진정한 혁신은 2025년 AI 산업의 핵심 트렌드로 부상한 'AI 오케스트레이션'과의 결합에서 더욱 두드러진다.

AI 오케스트레이션은 시스템 또는 워크플로 내에서 다양한 AI 구성 요소의 배포, 통합, 상호작용을 조정 · 관리하는 프로세스를 의미한다.

여러 AI 모델의 실행을 조율하고, 데이터 흐름과 컴퓨팅 자원을 최적화하여, AI 애플리케이션의 개발부터 배포, 모니터링까지 엔드-투-엔드 수명주기를 자동화한다.

즉, AI 오케스트레이션은 마치 오케스트라의 지휘자처럼, 다양한 AI 에이전트와 서비스가 유기적으로 협력해 최적의 결과를 만들어 내는 핵심 역할을 한다.

얼라이드 마켓 리서치(Allied Market Research)는 글로벌 AI 오케스트레이션 시장이 2031년까지 연평균 21.5% 성장해 약 352억 달러에 이를 것으로 전망했으며, AWS, 마이크로소프트, 네이버, 카카오, LG CNS 등 국내외 주요 기업들이 관련 서비스 개발에 박차를 가하고 있다.

2023년 11월, 빌 게이츠는 "AI 에이전트가 5년 내 컴퓨팅 방식을 완전히 바꿀 것"이라며, 이를 마우스 발명에 비견되는 혁신으로 평가했다. 실제로 AI 에이전트는 자연어로 사용자의 의도를 이해하고, 추론과 계획, 도구 활용까지 수행하는 '에이전틱 AI(Agentic AI)'로 진화하고 있다.

XR 환경과 결합된 AI 에이전트는 공간 디자인의 패러다임을 바꾼다. 단순한 정보 제공을 넘어, 사용자의 행동 패턴과 감정 상태를 실시간 분석해 환경을 최적화하는 '지능형 공간 어시스턴트'가 등장하고 있다. 예를 들어, 스패셜io(Spatial.io)의 3D 공간 인터랙션 플랫폼에서는 AI 에이전트가 실제로 공간 내에 거주하며, 움직이고, 말하며, 사용자를 교육 · 문화 · 브랜딩 여정으로 안내한다. 이들은 체현된 존재감(Embodied Presence)을 구현해, 사용자가 실제로 '보고', '듣고', '상호작용'한다고 느끼게 하며, 몰입감과 신뢰를 높인다.

특히 AI 에이전트의 맥락 인식 능력은 주목할 만하다. 제품 디스플레이 옆이나 가상 예술 작품 앞에서 사용자의 행동을 실시간으로 분석하고, 공간적 맥락을 이해해 직관적이고 맞춤형 상호작용을 제공한다. 이는 단순한 반응을 넘어, 사용자의 의도와 관심사를 예측해 선제적으로 경험을 제안하는 '예측적 공간 지능'의 사례다.

스패셜io에 따르면 몰입형 공간의 평균 세션 시간은 전통적 비디오나 정적 콘텐츠보다 다섯 배 길고, 개인화된 경험은 전자상거래 전환율을 두 배까지 높일 수 있다. 교육 분야에서는 AI 기반 공간 학습 어시스턴트가 반복적이고 안전한 시뮬레이션, 24시간 자기 주도형 몰입 교육, 규정 준수 교육 등에서 기존 일방향적 교육 방식 대비 학습자의 이해도와 기억력을 현저히 향상하고 있다.

또한, 다국어 및 접근성 해석 기능을 통해 전 세계 사용자가 언어 · 문화 장벽 없이 동일한 품질의 공간적 경험을 누릴 수 있게 되었으며, 이는 유니버설 공간 디자인의 새로운 가능성을 보여 준다.

기술적으로는 실시간 대화형 AI, 공간 맥락 인식, 멀티플랫폼 지원, 유니티(Unity) SDK · API 기반 커스텀 아바타 및 챗봇 구현 등으로, 웹, VR/AR, 모바일 등 다양한 기기에서 일관된 경험을 제공할 수 있다.

현재 수백만 명의 크리에이터와 브랜드가 이러한 AI 기반 공간에서 소셜 게임, 브랜드 경험, 가상 학습, 갤러리, 온보딩, 트레이닝 등 다양한 목적의 지능형 공간 생태계를 구축하고 있다.

이는 단순한 기술적 혁신을 넘어, 인간의 공간 경험과 상호작용 방식을 근본적으로 재정의하는 패러다임 전환이다.

궁극적으로, '지능형 공간 어시스턴트'는 물리적 공간과 디지털 환경의 경계를 점차 허물어 가며, 사용자의 의도와 감정을 실시간으로 파악하고 능동적으로 반응하는 '살아 있는 공간 생태계'의 구현을 향해 진화하고 있다. 이러한 변화 속에서 장소 만들기는 더 이상 정적인 환경 조성에 머무르지 않고, AI와 XR, 그리고 다양한 지능형 기술의 결합을 통해 동적이고 반응적인 공간 지능 시스템 설계로 발전하고 있다.

XR과 AI 오케스트레이션의 융합은 인간의 공간 경험을 혁신적으로 재구성함으로써, 공간 설계와 장소성의 새로운 지평을 열고 있다. 특히 기존의 디지털 트윈이 물리적 공간의 정밀한 복제에 초점을 맞췄다면, 앞으로의 지능형 공간은 사용자의 의도와 감정을 실시간으로 이해하고 반영하는 '살아 있는 환경'으로 한 단계 더 진화할 전망이다.

이처럼 기술과 장소 만들기의 융합은 효율성, 몰입감, 맞춤형 경험을 확대할 뿐 아니라 우리가 공동체적 가치와 사회적 의미의 재구성이라는 균형 잡힌 발전 방향을 함께 모색해야 할 중요한 전환점에 와 있음을 보여 준다. 따라서 앞으로 기술과 장소 만들기의 융합은 공간 경험과 사회적 가치 창출에서 핵심적 역할을 하게 될 것이다.

다중 에이전트 시스템의 협업적 공간 창조

미래 XR 장소 만들기에서는 여러 전문 영역을 담당하는 AI 에이전트들이 팀처럼 협업하는 접근법이 핵심이 될 것이다. 이는 각기 다른 전문성을 가진 팀원들이 하나의 프로젝트를 위해 협력하는 것과 유사하다.

감정 분석 에이전트(Emotion Analysis Agent)

사용자의 음성 톤, 표정, 행동 패턴, 생체 신호 등 멀티모달 데이터를 실시간으로 분석해 현재 감정 상태를 파악하고, 이에 맞는 공간 환경 조성을 지원한다. 최근 연구에서는 합성곱 신경망(CNN) 등 딥러닝 기반 멀티모달 분석으로 감정 인식의 정확도를 높이고 있다.

환경 조율 에이전트(Environment Orchestration Agent)

조명, 배경음악, 온도 등 물리적 환경 요소를 사용자 선호와 상황에 따라 자동으로 조정한다. 실제로 LG CNS의 스마트 팩토리에서는 비전 AI와 예측 분석 AI가 오케스트레이션되어 제조 공정의 효율을 극대화하고 있다.

내러티브 생성 에이전트(Narrative Generation Agent)

사용자의 맥락과 선호도를 바탕으로 맞춤형 스토리와 상호작용 시나리오를 생성한다.

사회적 상호작용 에이전트(Social Interaction Agent)

다중 사용자 환경에서 참여자들 간의 상호작용을 조율하고 그룹 역학을 관리한다. 소셜 VR 플랫폼 레크룸(Rec Room)의 톡스모드(ToxMod) 시스템이 실제 구현 사례다.

이러한 전문 에이전트들은 각자의 역할에 따라 독립적으로 작동하면서도, AI 오케스트레이션을 통해 정보를 주고받으며 통합된 공간 경험을 만들어 낸다. 이를 지원하는 플랫폼으로는 쿠버네티스(Kubernetes), 아파치 에어플로(Apache Airflow), 쿠브플로(Kubeflow), ML플로(MLflow) 등이 활용되고, AWS 베드록 에이전트, 마이크로소프트 마젠틱-원 등은 총괄 에이전트가 여러 보조 에이전트를 조율하는 멀티 에이전트 프레임워크를 제공한다.

AI 오케스트레이션 시스템의 핵심은 지속적인 학습과 개선에 있다. 각 에이전트는 사용자의 반응을 실시간으로 관찰하고, 어떤 개입이 효과적인지 데이터를 축적해 점차 더 정교하고 개인화된 공간 경험을 제공할 수 있도록 학습한다. 이러한 구조는 구글의 리액트(ReAct, Reasoning and Acting) 모델 원리를 기반으로, 추론과 행동을 번갈아 수행하며 환경 피드백을 통해 전략을 반복적으로 개선한다.

2025년 삼성전자가 공개한 XR 헤드셋 '프로젝트 무한'은 구글, 퀄컴과 협력해 개발된 안드로이드 XR 플랫폼을 탑재하고, 멀티모달 AI 기반의 인터랙티브 XR 경험을 제공한다. 이 기기는 시선 추적, 제스처, 음성 등 다양한 입력을 실시간으로 통합 분석하며, 구글의 생성형 AI와 결합된 자연어 대화 기능을 통해 사용자의 맥락과 질문에 맞춰 정보를 제공한다(뉴스핌, 2025). 예를 들어, 사용자가 XR 환경에서 친구의 유니폼을 가리키며 질문하면, AI 에이전트들이 시각 정보와 대화 데이터를 통합 분석해 팀 정보, 역사, 관련 스토리까지 자연스럽게 안내한다. 이는 여러 AI 에이전트가 실시간으로 정보를 수집·분석·응답하는 협업적 공간 창조의 대표적 실제 구현 사례로, XR과 AI 오케스트레이션의 미래를 보여 준다.

이처럼 다중 에이전트 시스템과 AI 오케스트레이션은 XR 환경에서 몰입감, 맞춤형 상호작용, 공간의 사회적 의미 확장 등 미래 장소 만들기의 핵심 동력으로 자리 잡고 있다.

AI 오케스트레이션과 확장된 장소 만들기의 세 차원

확장된 장소 개념에 대응하는 디자인 전략은 AI 에이전트의 참여를 통해 물리적 공간, 심리적 공간, 디지털 공간이라는 총체적 차원을 아우르는 접근으로 진화하고 있다. 밀그램과 키시노(Milgram & Kishino, 1994)가 제안한 '현실-가상 연속체(Reality-Virtuality Continuum)' 개념을 AI 오케스트레이션 관점에서 확장하면, 지능형 공간 구축은 이 세 가지 핵심 차원을 중심으로 고도화된다.

첫째, 물리적 공간(Physical Space)은 현실 세계의 물질적 환경과 건축적 배경, 그리고 인간의 신체적 경험이 직접 연결되는 영역이다. 예를 들어, 마이크로소프트(Microsoft)의 홀로렌즈 2(HoloLens 2)는 AI 기반 시선 추적, 손 제스처 인식, SLAM(Simultaneous Localization and Mapping, 동시적 위치 추정 및 지도 작성) 기술을 결합해 현실 공간에 홀로그램을 배치하고, 사용자의 움직임을 실시간으로 추적하며 공간의 변화에 반응한다. 엔비디아(NVIDIA)의 옴니버스(Omniverse) 플랫폼은 건축, 제조업, 도시 계획 등에서 3D 협업 환경을 제공하며, LG CNS의 스마트 팩토리에서는 AI 기반 로봇과 경로 최적화 AI가 물류 운영 효율을 높이고 있다. 이러한 기술들은 컴퓨터 비전, 공간 인식, 센서 융합을 통해 물리적 환경을 실시간으로 분석하고, 디지털 요소와의 정합성을 최적화하는 데 기여한다. 혼합현실과 디지털 트원 환경에서는 다중 AI 에이전트가 협업해 공간의 빛, 표면, 음향 등 특성을 실시간으로 분석하고, IoT(사물인터넷) 센서 데이터와 AI 분석을 결합해 물리적 공간의 상태를 더욱 정교하게 디지털로 반영할 수 있다.

둘째, 심리적 공간(Psychological Space)은 개인의 기억, 감정, 정서, 내면적 해석 등 심리적 · 정신적 차원을 포괄한다. AI 오케스트레이션은 자연어 처리, 감정 컴퓨팅, 생체신호 분석 등 다양한 기술을 조율해 사용자의 감정 상태와 맥락을 파악하고, 이에 맞는 개인화된 경험을 제공한다. 예를 들어, 얼굴 감정 인식 CNN 모델과 텍스트 감정인식 버트(BERT) 모델을 결합한 멀티모달 시스템이 감정 인식 성능을 크게 향상한다는 연구 결과가 있다(조찬영 · 정현준, 2023). 카카오의 AI 메이트 '카나나'는 개인 AI 메이트 '나나'와 그룹 AI 메이트 '카나'를 AI 오케스트레이션으로 최적화해, 개인 감정과 맥락까지 고려한 맞춤형 서비스를 제공한다. 미래에는 VR 시스템과 언어 모델을 결합해 사용자의 음성과 행동, 선호도, 감정 상태, 시간대 등을 반영한 맞춤형 가상 공간을 실시간으로 생성하는 시스템이 구현될 수 있다.

셋째, 디지털 공간(Digital Space)은 네트워크, 가상현실, 메타버스 등 디지털 기술로 구축된 비물질적 환경으로, 온라인 상호작용과 정보 교환이 이루어지는 새로운 사회적 공간이다. AI 오케스트레이션은 다중 사용자가 동시에 상호작용하는 가상 환경에서 사회적 역학을 분석하고, 건강한 커뮤니티 문화를 조성하는 데 중요한 역할을 한다. 예를 들어, 소셜 VR 플랫폼 레크룸은 AI 기반 톡스모드(ToxMod)로 실시간 음성 채팅을 모니터링하고, 유해 발언을 탐지 · 조치한다. 또한 VR 기기와 비VR 기기 이용자를 분리 매칭하는 시스템을 통해 공정성과 몰입감을 높인다. 앞으로는 자연어 처리, 행동 분석, 그룹 역학 분석 등 다양한 AI 에이전트가 협업해 사용자 간 호환성을 분석하고, 공통 관심사나 보완적 특성을 가진 사용자를 연결하는 '사회적 오케스트레이터' 기술이 발전할 전망이다.

이 세 공간은 각각 독립적으로 존재하는 것이 아니라, 사용자의 반복 경험과 상호작용 속에서 서로 영향을 주고받으며 장소의 의미와 정서적 애착을 지속적으로 재구성하는 총체적 장소 경험(Total Placc Experience)을 만들어 낸다. 특히 AI 기술은 이 세 공간을 유기적으로 연결하고, 감정 분석, 위치 기반 증강현실, 사용자 맞춤형 환경 제어 등 다양한 방식으로 새로운 하이브리드 장소성을 창출한다. 따라서 AI 시대의 공간 설계에서는 물리적 · 심리적 · 디지털 차원을 통합적으로 고려하는 접근이 필수적이다.

공간 지능 AI 사례: 월드 랩스

이러한 가상-물리적 연속체의 디자인 전략과 AI 오케스트레이션을 실제로 구현하는 대표적인 사례로, 2024년 설립된 월드 랩스(World Labs)가 주목받고 있다. 스탠퍼드대학교 교수이자 컴퓨터 비전 및 인공지능 분야의 세계적 권위자인 페이페이 리(Fei-Fei Li)가 동료 연구자들과 함께 설립한 이 스타트업은 공간 지능(Spatial Intelligence) AI 개발에 특화되어 있다.

월드 랩스는 3차원 세계를 인식하고 생성하며 상호작용할 수 있는 대규모 세계 모델 LWM(Large World Models) 구축에 주력하고 있으며, 이미 2억3천만 달러(약 3100억 원) 규모의 투자를 성공적으로 유치했다. 안드레센 호로비츠(Andreessen Horowitz), NEA, 래디컬 벤처스(Radical Ventures), 엔비디아 엔벤처스(Nvidia NVentures) 등 글로벌 벤처캐피탈과 업계 주요 인사들이 투자에 참여했다.

월드 랩스의 목표는 기존의 2D 기반 인공지능을 넘어서는 것이다. 실제 물리 법칙과 의미론적 이해, 시공간적 추론이 통합된 3D 환경을 실시간으로 생성하고 조작할 수 있는 AI 시스템을 구현하고자 한다. 이 기술은 사용자가 텍스트 설명이나 간단한 스케치만으로도 몰입형 3D 공간을 구축할 수 있도록 지원한다.

특히 주목할 점은, 월드 랩스가 개발하는 대규모 세계 모델이 단순히 3D 환경을 생성하는 데 그치지 않고, 물리 법칙, 의미론적 이해, 시공간 추론 등 AI의 고차원적 인지 능력을 통합한다는 것이다. 이는 앞서 논의한 가상-물리적 연속체의 세 차원—물리적, 정서적, 사회적—을 모두 아우르는 종합적 접근을 가능하게 한다.

윤리적 고려 사항

AI 오케스트레이션이 사용자의 감정과 행동을 분석할 수 있다는 것은 큰 우려를 불러일으킨다. 사용자의 표정, 음성, 생체 신호를 통해 내면 상태까지 파악할 수 있기 때문이다. 이는 사용자의 프라이버시 침해와 자율성 제약으로 이어질 수 있다. 또 AI가 특정 인구 집단에 편향된 결과를 보일 위험도 있으며, 가상 환경에서의 동의와 경계 설정에 대한 새로운 규칙이 필요하다.

이러한 문제를 해결하기 위해 설명 가능한 AI (Explainable AI) 기술이 개발되고 있다. 2024년 연구에 따르면, 512편의 XAI 관련 논문을 분석한 결과 의료, 금융, 자율주행 등 고위험 분야에서 AI의 의사 결정 과정을 투명하게 만드는 연구가 급증하고 있다. 사용자가 AI의 개입 수준을 직접 조절할 수 있는 제어 메커니즘도 중요한 해결책으로 제시되고 있다.

AI 오케스트레이션 기반 장소 만들기의 주요 도전 과제

AI 오케스트레이션은 다양한 AI 모델, 시스템, 데이터 소스를 통합 · 관리하여 복잡한 공간 디자인 및 운영에 혁신을 가져올 수 있다. 그러나 실제 공간 디자인에 AI 오케스트레이션을 적용할 때는 다음과 같은 도전 과제들이 존재한다.

첫째, 데이터 통합의 복잡성이다. 장소 만들기에서는 프로젝트의 목적과 규모에 따라 센서, 사용자 행동, 환경 등 다양한 분산된 데이터 소스를 활용하는 경우가 많다. 예를 들어, 스마트 시티나 대형 공공 공간에서는 공간의 상태를 파악하거나 이용자 경험을 개선하기 위해 여러 데이터가 결합되어 활용된다. 하지만 이처럼 이질적이고 방대한 데이터를 하나의 AI 워크플로로 통합하는 과정에서는 데이터 형식의 불일치, 품질 저하, 실시간 연계의 어려움 등 다양한 문제가 발생할 수 있다. 표준화된 데이터 형식 도입, 데이터 품질 관리 체계 마련, 데이터 가상화 기법 활용 등이 필요하지만, 실제 현장에서는 데이터의 다양성과 복잡성이 높아질수록 이러한 통합 작업이 더욱 까다로워진다.

둘째, 모델 버전 관리가 어렵다. 장소 만들기 프로젝트는 계절, 시간, 이벤트 등 외부 변수에 따라 AI 모델을 지속적으로 업데이트하거나 여러 버전을 동시에 운영해야 하는 경우가 많다. 예를 들어, 특정 시간대에는 군중 흐름 예측 모델이, 특정 이벤트에는 감정 분석 모델이 각각 동작해야 할 수 있다. 이때 각 버전의 모델이 언제, 어디서, 어떻게 적용되는지 추적하고 일관성을 유지하는 것이 쉽지 않다. 쿠버네티스 같은 컨테이너 오케스트레이션 도구, ML플로 같은 머신러닝 생명주기 관리 플랫폼을 활용해 자동화할 수 있지만, 실제 운영 단계에서는 시스템 간 연동, 실시간 데이터 반영, 긴급 업데이트 등 다양한 상황이 맞물리면서 모델 관리가 훨씬 복잡해진다.

셋째, 상호운용성 문제가 있다. 장소 만들기에서는 공간 내 다양한 AI 모델(예: 환경 제어, 사용자 행동 분석, 내러티브 생성 등)과 외부 서비스(결제, 출입 통제, IoT

등)가 함께 동작해야 한다. 이때 각기 다른 프레임워크와 서비스 간 데이터와 명령을 원활하게 주고받지 못하면 시스템 전체의 효율성과 신뢰성이 저하될 수 있다. RESTful API 등 표준화된 인터페이스와 프로토콜 도입이 요구되지만, 실제로는 기존 시스템과의 호환성, 표준 미준수 등으로 인해 통합 과정에서 시행착오가 발생할 수 있다.

넷째, 보안과 개인정보 보호가 매우 중요하다. 장소 만들기에서는 감정, 행동, 위치 등 민감한 데이터를 수집·분석하는 경우가 많아, AI 워크플로가 보안 위협에 노출되거나 개인정보 보호 규정을 위반할 위험이 크다. 예를 들어, 공간 내 사용자의 이동 경로나 감정 상태가 외부로 유출될 경우 심각한 프라이버시 침해로 이어질 수 있다. 따라서 데이터 암호화, 접근 통제, 개인정보 보호 규정 준수 등 다각적인 보안 대책이 반드시 필요하다.

이처럼 AI 오케스트레이션을 장소 만들기에 적용할 때는 데이터 통합, 모델 관리, 상호운용성, 보안 등 다양한 과제에 직면하게 되며, 이는 AI 시스템 전반에서 공통으로 논의되는 핵심 이슈라 할 수 있다.

참고문헌

뉴스핌(2025.6.18). "삼성전자의 하반기 승부수… XR '프로젝트 무한' 9월 출격". https://www.newspim.com/news/view/20250618000586

송기봉 외(2025). "AI 글라스: 소통공간 확장". 《전자통신동향분석》, 40(2), 48~56쪽.

조찬영·정현준(2023). "얼굴 영상과 다차원 감정 기반의 텍스트를 이용한 멀티모달 감정인식 시스템". 《한국정보기술학회논문지》, 21(5), 39~47쪽.

Microsoft(2024). "HoloLens 2 하드웨어". https://learn.microsoft.com/ko-kr/hololens/hololens2-hardware

ZDNet Korea(2025.1.2). ""AI와 AI가 협업하는 시대" … 새해 핵심 트렌드 'AI 오케스트레이션'". https://zdnet.co.kr/view/?no=20250101154516

Allied Market Research(2023). AI orchestration market: Global opportunity analysis and industry forecast, 2021–2031. Retrieved from https://www.alliedmarketresearch.com/ai-orchestration-market

Dayan, I. et al.(2021). Federated learning for predicting clinical outcomes in patients with COVID-19. *Nature Medicine, 27*(10), pp.1735~1743.

Dembski, F. et al.(2020). Urban digital twins for smart cities and citizens: The case study of Herrenberg, Germany. *Sustainability, 12*(6), 2307.

Grand View Research(2024). Edge AI market size, share & growth report, 2030.

https://www.grandviewresearch.com/industry-analysis/edge-ai-market-report
Longo, L. et al.(2024). Explainable artificial intelligence (XAI) 2.0: A manifesto of open challenges and interdisciplinary research directions. *Information Fusion, 106*, 102301.
Milgram, P. & Kishino, F.(1994). A taxonomy of mixed reality visual displays. *IEICE Transactions on Information Systems*, E77-D(12), pp.1321~1329.
Musk, E. et al.(2019). An integrated brain-machine interface platform with thousands of channels. *Journal of Medical Internet Research, 21*(10), e16194.
Neuralink(2025.2.5). A year of telepathy. https://neuralink.com/blog/a-year-of-telepathy/
Norouzi, N. et al.(2019). A systematic review of the convergence of augmented reality, intelligent virtual agents, and the internet of things. In Al-Turjman F.(ed.). *Artificial Intelligence in IoT*, pp.1~24. Springer.
Observer(2024.12.4). Fei-Fei Li's Startup Allows You to Walk in the 3D World of Edward Hopper Paintings. https://observer.com/2024/12/fei-fei-li-world-labs-photos-create-3d-worlds/
Schrotter, G. & Hurzeler, C.(2020). The digital twin of the city of Zurich for urban planning. *PFG-Journal of Photogrammetry, Remote Sensing and Geoinformation Science, 88*(1), pp.99~112.
World Labs(2024). About World Labs: Building large world models for spatial intelligence. https://www.worldlabs.ai/blog
Yao, S. et al.(2022). ReAct: Synergizing reasoning and acting in

language models. arXiv. https://arxiv.org/abs/2210.03629

09
AI 기반 대안적 장소 만들기 시스템

AI 기반 대안적 장소 만들기 시스템은 인간 중심의 경험 디자인을 통해 공간 소외를 극복하는 새로운 패러다임을 제시한다. 이는 하향식 도시 계획과 달리, 상향식 접근법과 AI의 분석력을 결합해 개인과 공동체의 참여를 촉진하는 프로세스로 기능할 수 있다. 이를 통해 인간의 주체성을 향상하고 사회 통합적 장소 만들기를 실현할 수 있다.

AI와 화장품?

공간 소외와 AI를 통한 대안적 장소 만들기

르페브르는 《도시에 대한 권리》(1968)와 《공간의 생산》(1974)에서 현대 자본주의 도시의 공간 소외 현상을 체계적으로 분석했다. 그는 도시 공간이 자본의 논리에 따라 상품화되면서 실제 거주민들의 삶의 필요와 점점 괴리되고 있다는 점을 비판했다. 특히 도시 계획과 개발 과정에서 주민들의 참여와 결정권이 배제되고, 사람들이 자신의 생활공간을 주체적으로 구성하지 못한 채 수동적인 소비자로 전락하는 현실을 지적한다.

이러한 분석에 따르면, 현대 도시에서의 공간 소외는 단순한 물리적 배제가 아니라 사람들이 자신이 사는 공간에 대해 어떤 영향도 행사하지 못하는 상태, 즉 결정권과 정서적 연결감의 상실을 의미한다. 대규모 개발 프로젝트, 획일화된 도시 계획, 시장 중심의 공간 재편은 실제로 그 공간을 살아가는 사람들의 정체성과 필요를 반영하지 못한 채 '무장소성'을 낳는다. 결국 도시 공간은 자본의 이익을 중심으로 구성되고, 그 결과 실제 거주민들의 삶은 주변화되고 소외되는 구조적 문제가 지속적으로 발생한다.

이러한 문제의식에서 제기된 '대안적 장소 만들기'는 공간의 물리적 구조를 넘어, 그 공간에 의미와 정체성을 부여하는 사회문화적 과정을 포함하는 통합적 접근이다. 이는 지역 주민, 사용자, 다양한 이해관계자 들이 자신들의 환경 형성에 능동적으로 참여할 수 있도록 함으로써 공간에 대한 소유감과 공동체적 정체성을 회복하는 것을 목표로 한다.

오늘날 AI 기술은 이와 같은 대안적 장소 만들기 과정을 보다 효과적이고 정교하게 지원할 수 있는 새로운 도구로 주목받고 있다. 데이터를 기반으로 한 공간 분석, 사용자 맞춤형 설계 시뮬레이션, 인터랙티브한 참여 플랫폼 등은 물리적 공간의 한계를 넘어 사람 중심의 공간을 상상하고 구현하는 데 중요한 역할을 할 수 있다.

오텐그라펜 등(Othengrafen et al., 2025)의 연구는 도시 계획 분야에서 AI의 역할을 체계적으로 분석한다. 이들의 연구에 따르면, AI는 계획 프로세스를 대체하는 것이 아니라 각 계획 단계에서 특정 문제를 해결하는 전문화된 도구로 기능한다.

연구에서는 AI를 다섯 가지 유형으로 분류한다: 분석적 AI, 기능적 AI, 텍스트 AI, 시각적 AI, 상호작용 AI. 각 유형은 계획 과정의 서로 다른 단계에서 활용되며, 머신러닝을 통해 패턴을 인식하고 빅데이터를 기반으로 학습하여 계획가들에게 대안과 해결책을 제안한다.

분석적 AI(Analytical AI)는 주로 준비 및 탐색 단계와 타당성 및 마스터플랜 단계에서 활용된다. 데이터 기반 시나리오 생성과 아이디어 클러스터링에 사용되며, 서울의 도시 밀도 시나리오 매핑 프로젝트나 델리의 토지 이용 데이터 분류를 통한 도시 확산 분석 등이 대표적 사례다. 또한 디지털 시티 트윈을 통해 근린 지역의 미기후(microclimate)를 시뮬레이션하고 바람 흐름을 실시간 생성하여 극한 날씨 상황에 대한 계획안 조정을 지원한다.

기능적 AI(Functional AI)는 주로 공식 계획 단계에서 활용되며, 함부르크와 로스토크에서 사용되는 AI 지원 도시 계획 프로세스 도구가 대표적이다. 이 도구는 계획 문서를 디지털로 가져오고, 도면을 지도에 통합하며, 참여 과정에서 받은 의견을 AI 기반 키워딩으로 분류하고 유사한 의견을 그룹화하여 평가 결과를 제공한다. 빈의 건축 허가 프로젝트에서는 AI가 제출된 문서를 분석하고 완전성을 확인하며 도시 계획 문서 및 법적 텍스트 규정과의 부합성을 검토한다.

텍스트 AI(Textual AI)는 준비 및 탐색 단계와 공식 계획 단계에서 주로 사용된다. 소셜 미디어의 공개 트윗을 수집하고 분석하여 지방정부 관할 내 현안과 필요 사항에 대한 개요를 파악하거나, 디지털 참여 플랫폼에서 시민 의견을 분석하고 특정 주제 영역, 인구통계학적 데이터, 또는 의견에서 전달되는 감정에 따라 클러스터링한다.

시각적 AI(Visual AI)는 준비 및 탐색 단계와 타당성 및 마스터플랜 단계에서 주로 활용된다. 웹 애플리케이션을 통해 자체 제작 사진이나 구글 스트리트뷰 이미지를 사용하여 거리 공간 설계, 산업 건물 재활용, 새로운 주거 건물 설계 등의 다양한 공간 시나리오와 대안을 이미지 기반으로 생성한다. 생성형 디자인 엔진을 통해 개발 구조, 건물 블록, 개방 공간, 건물 높이 등을 개발하고 시각화하여 짧은 시간 내에 다수의 설계 변형안을 생성할 수 있다.

상호작용 AI(Interactive AI)는 공식 계획 단계, 설계 및 구현 단계, 운영 및 모니터링 단계에서 주로 사용된다. 베를린의 AI 기반 어시스턴트처럼 행정 업무에 대한 질문에 답하거나(예: "13467 베를린 부르크프라우엔슈트라세의 교통 변경을 위한 계획 조치는 무엇인가?"), 위원회 회의 문서와 서면 질의를 검색하여 질문에 맞는 짧은 답변을 생성한다. 빈이나 하이델베르크 같은 도시에서는 도시 계획 프로세스를 다루는 시민 서비스용 AI 기반 챗봇을 운영하고 있다.

이 연구는 도시의 미래 개발에 대한 결정은 계획가들이 내려야 하며, AI는 이러한 결정을 지원하는 도구 역할을 한다고 강조한다. 따라서 AI를 통해 더 효율적이고 데이터에 기반한 계획 과정이 가능하지만, 인간 중심적 접근과 계획가의 전문적 판단이 여전히 핵심 역할을 담당한다.

이러한 AI의 기술적 역량은 계획 실무에서 여러 방면으로 활용된다. 공간 사용 패턴 분석을 통해 도시민들의 실제 공간 이용 행태를 객관적으로 파악하고, 다양한 이해관계자들의 요구와 선호도를 체계적으로 분석하여 보다 포용적인 계획 수립이 가능하다. 또한 복수의 대안 시나리오를 생성하고 각각의 파급효과를 예측함으로써 계획가들이 보다 정보에 기반한 의사 결정을 내릴 수 있도록 지원한다.

결과적으로 AI의 활용은 기존의 하향식, 표준화된 도시 계획 접근법을 넘어서 주민들의 실제 필요와 지역적 특성을 반영한 인간 중심적이고 적응적인 공간 계획의 실현 가능성을 높인다는 점에서 의의가 있다. 이는 르페브르가 지적한 공간 소외 문제에 대한 기술적 해법의 가능성을 제시하며, 보다 민주적이고 참여적인 도시 공간 창조를 위한 새로운 도구로서 AI의 잠재력을 보여 준다.

AI 기반 대안적 장소 만들기 시스템의 작동 메커니즘과 적용 사례

AI 기반 장소 만들기 시스템은 르페브르가 지적한 공간 소외 문제에 대한 기술적 해법으로, 주민들이 자신의 생활공간 형성에 능동적으로 참여할 수 있도록 지원하는 통합적 플랫폼이다. 세계경제포럼(World Economic Forum, 2024)에 따르면, 전 세계 시장의 90%가 생성형 AI와의 협력을 원하고 있으나, 실제로 이를 실행하고 있는 도시는 2%에 불과한 상황이다. 이러한 현실적 격차를 고려할 때, 체계적이고 실용적인 접근이 필요하다고 판단된다.

시스템 구성 요소로 첫째, 다층적 데이터 수집과 통합이다. 쿠구룰로 등(Cugurullo et al., 2024)의 연구에 따르면, 도시 AI 시스템은 다양한 층위의 데이터를 통합적으로 활용한다. 필자는 이를 세 가지 범주로 구분하여 이해할 수 있다고 본다. 물리적 데이터(건물, 도로, 녹지 등), 행동적 데이터(이동 패턴, 공간 이용 행태, 시간대별 활동), 정서적 · 주관적 데이터(장소에 대한 감정, 기억, 문화적 의미). 이러한 다층적 접근은 기존 계획 과정에서 간과되었던 주민들의 주관적 경험을 체계적으로 파악할 수 있게 한다는 점에서 의미가 있다.

둘째, AI 기반 패턴 분석 단계다. S&P 글로벌(S&P Global, 2024)의 연구에 따르면, 정부 응답자의 50%가 공공 안전 보장을, 44%가 전반적인 삶의 질 향상을, 42%가 도시 서비스 개선을 스마트 시티 이니셔티브의 주요 동력으로 선택했다. 이러한 데이터는 머신러닝 알고리즘을 통해 분석되어 다양한 패턴을 도출할 수 있으며, 필자는 이것이 단순한 물리적 계획을 넘어서 사람들의 실제 필요와 욕구를 반영한 공간 설계의 기초가 될 수 있다고 생각한다.

셋째, 생성형 디자인과 최적화 과정이다. 현재 AI 기술의 발전을 고려할 때, 생성형 AI가 기존의 제약 조건들을 고려하면서도 창의적이고 다양한 설계안을 제시할 가능성이 높다. 필자는 이러한 기술이 계획가들에게 보다 폭넓은 선택지를 제공함으로써 혁신적인 공간 계획을 가능하게 할 것으로 예상한다.

넷째, 참여형 시각화와 실시간 피드백 시스템이다. 증강현실(AR)과 혼합현실(MR) 기술의 발전을 감안할 때, 이러한 기술들이 시민들의 복잡한 도시 계획 정보에 대한 이해를 돕고 참여를 촉진할 수 있을 것으로 판단된다. 특히 전문가와 일반 시민 간의 정보 격차를 줄이는 데 기여할 수 있다고 본다.

실제 뎀스키 등(Dembski et al., 2020)의 연구에서 제시된 독일 헤렌베르크(인구 3만 명)의 도시 디지털 트윈 사례는 AI 기반 참여형 계획의 구체적 성과를 보여 준다. 이 프로젝트는 (1) 건축 환경의 3D 모델, (2) 공간 구문론을 활용한 가로망 모델, (3) 도시 모빌리티 시뮬레이션, (4) 바람 흐름 시뮬레이션, (5) 시민 과학 프로젝트를 통한 정량적 · 정성적 데이터를 통합했다.

특히 주목할 점은 가상현실 시각화 플랫폼을 통해 일반 시민들이 다양한 공개 참여 과정에 참여할 수 있도록 했다는 것이다.

유로시티(Eurocities, 2024)의 보고서에 따르면, 볼로냐시는 교통, 에너지, 기후변화 세 분야에서 디지털 트윈을 적용하고 있다. 교통 분야에서는 센서 데이터와 정성적 사회 데이터를 분석하여 자전거 도로와 트램 인프라 개발을 지원하고 있다.

플랑드르 지역의 듀엣(DUET) 프로젝트는 하나 이상의 도로가 폐쇄될 때 주변 도로에서 예상되는 교통량을 계산하는 교통 모델을 개발했다. 교통 모델과 대기 질 모델 간의 상호작용을 통해 지역 교통 조치가 이동성과 환경에 미치는 영향을 시뮬레이션할 수 있게 했다. 이러한 통합적 접근은 정책 결정의 근거를 제공한다는 점에서 의미가 크다.

쿠구룰로 등(Cugurullo et al., 2024)의 연구는 AI 도시주의가 효율성을 포용성보다 우선시하는 경향이 있어, 더 넓은 거버넌스 목표와의 일치에 대한 우려를 제기한다고 지적한다. 필자는 이러한 문제가 기술 자체보다는 기술을 어떻게 활용하느냐의 문제라고 생각한다.

또한 실제 구현 과정에서 데이터 품질, 알고리즘 투명성, 디지털 격차 등의 문제들이 여전히 중요한 과제로 남아있다. 이러한 문제들을 해결하지 않고서는 진정한 의미의 참여적 계획을 달성하기 어렵다.

실증적 연구들을 종합하면, AI 기반 장소 만들기 시스템은 기술적 가능성과 실제 구현 사이에 상당한 격차가 존재한다. 그러나 독일 헤렌베르크와 유럽 여러 도시의 성공 사례는 이러한 시스템이 르페브르가 지적한 공간 소외 문제를 해결하는 데 실질적으로 기여할 수 있음을 보여 준다.

실제 시민 참여형 AI 플랫폼의 국내외 사례는 대안적 장소 만들기의 실천적 가능성을 보여 준다. 예를 들어,

핀란드 헬싱키의 '헬싱키 3D+(Helsinki 3D+)' 프로젝트는 도시 전체의 3D 디지털 트윈을 구축해, 시민 · 기업 · 연구자 들이 온라인 플랫폼을 통해 도시 계획 시뮬레이션, 데이터 확인, 의견 제시 등에 직접 참여할 수 있도록 다양한 시각화 및 참여 서비스를 제공하고 있다. 이러한 디지털 트윈은 도시 개발, 환경 개선, 공공 서비스 혁신 등 다양한 분야에서 시민 참여와 협업을 촉진하는 기반으로 활용되고 있다.

국내에서는 서울시의 스마트 시티 통합 플랫폼이 대표적이다. 이 플랫폼은 도시 데이터와 AI 기반 빅데이터 분석을 통해 시민 불편 신고, 교통 · 환경 모니터링, 인파 관리, 실시간 의견 수렴 등 다양한 시민 참여형 서비스를 제공하고 있으며, 시민이 도시 문제 해결 과정에 능동적으로 참여할 수 있는 구조를 갖추고 있다. 또 싱가포르의 '버추얼 싱가포르(Virtual Singapore)'는 AI와 3D 디지털 트윈 기술을 결합해 시민 · 기업 · 정부가 함께 도시 환경을 시뮬레이션하고, 교통 혼잡, 재난 대응, 공공 갈등 관리 등 복합적 도시 이슈를 공동으로 해결하는 협력적 거버넌스 모델을 실현하고 있다.

이러한 사례들은 AI가 단순한 기술적 효율성 제고의 도구를 넘어서, 시민 참여를 확장하고 도시 문제 해결에 집단 지성을 활용할 수 있는 거버넌스적 플랫폼으로 기능할 수 있음을 보여 준다. 이는 장소에 대한 물리적 계획을 넘어서, 사회적 상호작용과 의견 교환을 통해 도시 공간의 의미를 공동 구성하는 '참여 기반 장소 만들기'의 가능성을 시사한다.

이러한 기술이 실제로 민주적이고 참여적인 도시 공간 창조에 기여하기 위해서는 몇 가지 핵심 조건이 반드시 충족되어야 한다. 첫째, 윤리적 고려 사항을 기술 개발의 초기 단계부터 체계적으로 통합해야 한다. 이는 개인정보 보호, 알고리즘의 투명성, 데이터 활용의 공정성 등 시민의 권리와 신뢰를 보장하는 기본적인 전제가 된다. 둘째, 디지털 격차 해소를 위한 적극적인 노력이 필요하다. 모든 시민이 AI 기반 도시 서비스에 동등하게 접근하고 참여할 수 있도록, 정보 접근성 강화와 디지털 리터러시 교육, 인프라 확충 등이 병행되어야 한다. 셋째, 기술 중심적 관점에서 한 걸음 더 나아가, 인간 중심의 가치와 공동체적 관점을 설계와 운영의 핵심 원칙으로 삼아야 한다. 이는 기술이 도시의 효율성만을 추구하는 도구로 머무르는 것이 아니라, 시민의 삶의 질과 사회적 연대, 장소성의 의미를 증진하는 방향으로 활용되어야 함을 의미한다.

이와 같은 조건들이 충족될 때, AI 기술은 단순한 혁신을 넘어 진정으로 포용적이고 지속 가능한 도시 공간을 실현하는 핵심 동력으로 자리매김할 수 있을 것이다.

결국 "기술-장소성-사회적 가치"의 균형은 AI 기반 대안적 장소 만들기 시스템의 설계와 운영에서 시민 참여의 보장, 데이터와 알고리즘의 투명성, 공동체적 가치와 정체성의 존중이라는 원칙으로 구체화되어야 한다. 이러한 원칙이 실현될 때, AI는 인간 중심적이고 포용적인 미래 도시 공간을 만드는 핵심 동력으로 자리매김할 수 있다.

참고문헌

국토교통부(2022). "공공분야 디지털트윈 활용방안 연구".

박정호 외(2023). "디지털트윈 활용사례 비교연구 – 핀란드 헬싱키·싱가포르·호주 뉴사우스웨일스". 《한국지적정보학회지》, 25(2), 51~74쪽.

Cugurullo, F. et al.(2024). The rise of AI urbanism in post-smart cities: A critical commentary on urban artificial intelligence. *Urban Studies, 61*(4), pp.847~868.

Dembski, F. et al.(2020). Urban digital twins for smart cities and citizens: The case study of Herrenberg, Germany. *Sustainability, 12*(6), 2307.

Eurocities(2024.12.24). Urban digital twins: Transforming city planning. https://eurocities.eu/latest/urban-digital-twins-transformi

ng-city-planning-and-governance/

European Commission(2023). Reimagining Helsinki: Participatory urban planning with Generative AI. Interoperable Europe – Public Sector Tech Watch. Retrieved from https://interoperable-europe.ec.europa.eu/collection/public-sector-tech-watch/reimagining-helsinki-participatory-urban-planning-generative-ai

Lefebvre, H.(1991). *The production of space*. Blackwell Publishing.

Luo, J. et al.(2025). A perception-powered urban digital twin to support human-centered urban planning and sustainable city development. *Cities, 156*, 105473. https://doi.org/10.1016/j.cities.2024.105473

North, M.(2024.7.24). These 5 cities are making innovative use of generative AI. World Economic Forum. https://www.weforum.org/stories/2024/07/generative-ai-smart-cities/

OpenGov Asia(2025.6.20). Hong Kong: AI and Robotics Power Smart Elder Care Facility. Retrieved from https://opengovasia.com/hong-kong-ai-and-robotics-power-smart-elder-care-facility/

Othengrafen, F. et al.(2025). From vision to reality: The use of artificial intelligence in different urban planning phases. *Urban Planning, 10*, 8576. https://doi.org/10.17645/up.8576

S&P Global(2024.5.18). The rise of AI-powered smart cities. https://www.spglobal.com/en/research-insights/special-reports/ai-smart-cities

UrbanistAI(2023). UrbanistAI platform for participatory planning and co-design. https://website.urbanistai.com/home/

World Economic Forum(2025.5.22). Designing more inclusive AI starts with the right data architecture. https://www.weforum.org/stories/2025/05/inclusive-ai-data-architecture/

10
인공지능 장소 만들기의 미래 전망과 정책적 과제

인공지능(AI) 기술이 도시 계획, 건축, 공간 디자인 분야에 통합되면서 장소 만들기의 새로운 패러다임이 등장하고 있다. AI는 공간 창출 과정을 혁신할 잠재력을 지니고 있지만, 이러한 기술적 진보가 진정한 인간 중심의 장소로 이어지기 위해서는 다양한 사회적, 윤리적, 정책적 과제를 함께 고려해야 한다.

종교와 AI?

인간 중심성과 AI의 조화

AI 기술의 발전은 공간의 효율성을 높이고 시민 참여의 경로를 확장하는 데 유용하게 작동한다. 그러나 기술 중심의 설계가 인간의 감정적 감수성과 윤리적 판단을 점차 배제할 수 있다는 점에서 근본적인 우려도 제기된다. 이에 대해 박신희(2025)는 《디자인 인문학과 인공지능》에서, 기술이 인간의 삶에 어떤 영향을 미칠 것인가에 대한 깊은 성찰을 전제로 설계가 이루어져야 한다고 강조한다. 이는 다학제적 접근을 통해 인문학적 관점과 기술적 관점이 서로 보완하고, 디자인의 본질적 가치를 지켜나갈 수 있도록 하는 중요한 과정이라는 것이다. 같은 맥락에서, AI 시대의 장소 만들기는 단순히 기술적 효율성을 극대화하는 데 그치지 않고, 인간의 존엄성과 창의성, 공동체적 유대를 증진하는 방향으로 발전해야 한다. 오텐그라펜 등(Othengrafen et al., 2025)의 연구에 따르면, AI는 계획 프로세스를 완전히 대체하는 것이 아니라, 계획가들이 보다 정보에 기반한, 그리고 다각적인 관점을 반영한 결정을 내릴 수 있도록 지원하는 도구로서 기능해야 한다. 이는 AI가 인간의 주체성을 약화하는 것이 아니라 오히려 강화하는 방식으로 활용되어야 함을 시사한다. 실제 사례로, 루오 등(Luo et al., 2025)이 수행한 싱가포르 녹도 연구에서는 딥랩V3(DeepLabV3) 딥러닝 모델을 활용한 시각적 특징 분석과 몰입형 가상현실(VR)을 결합하여, 시민들의 실제 인식과 선호를 공간 설계에 직접 반영하는 방법론을 제시했다. 이 연구는 안전감, 생동감 등과 같은 주관적 인식을 정량화하고 예측 가능한 시스템을 개발함으로써, 첨단 기술이 인간의 감각적 · 정서적 경험을 실질적으로 보완하고 지원할 수 있음을 입증했다.

이처럼 AI는 다양한 사용자의 요구와 행동 패턴을 정밀하게 분석하여, 보다 포용적이고 접근 가능한 환경을 조성하는 데 기여할 수 있다. 진정한 인간 중심 디자인을 실현하기 위해서는, AI 시스템의 개발 초기 단계부터 인문학적 · 사회적 · 문화적 관점을 적극적으로 통합하는 노력이 필요하다. 공간은 단순한 물리적 환경을 넘어, 개인과 집단의 정체성, 소속감, 공동체 의식을 형성하는 데 핵심적인 역할을 하기 때문이다.

지속 가능성과 환경적 책임

AI는 지속 가능한 공간 디자인을 실현하는 데 다양한 방식으로 기여할 수 있다. 예를 들어, 홍콩 람 테이(Lam Tei) 프로젝트(OpenGov Asia, 2025)는 AI 기반 헬스케어 플랫폼, 중앙집중식 센싱 시스템, 에너지 효율적 건물 기술을 통합해 스마트 노인 돌봄 시설을 구축하고 있다. 이 프로젝트에서는 스마트 에너지 관리 시스템을 통해 환경 영향을 최소화하면서도 거주자의 편안함과 돌봄 품질을 유지하는 방안을 제시한다. 이러한 사례는 AI가 도시 내 에너지 소비 패턴을 분석하고, 효율성을 높이며, 자원 낭비를 줄이는 데 실질적으로 활용될 수 있음을 보여 준다.

AI를 활용한 시뮬레이션은 다양한 도시 설계 옵션의 환경적 영향을 사전에 평가할 수 있게 하며, 에너지 효율성, 자원 사용, 탄소 배출 등에서 최적화된 설루션 도출을 지원한다. 또한, 기후변화에 대응하는 회복력 있는 도시 환경을 계획하는 과정에서 AI는 방대한 기후 데이터와 도시 형태 간의 복잡한 상호작용을 정밀하게 모델링하여, 효과적인 적응 전략을 수립하는 데 중요한 역할을 한다. 그러나 AI 기술의 발전만으로는 지속 가능성 문제를 완전히 해결할 수 없다. AI 시스템 자체가 상당한 에너지를 소비하고 환경에 영향을 미칠 수 있다는 점도 고려해야 한다. 이에 따라, '녹색 AI' 개발 등 책임 있는 기술 활용이 필수적이며, AI의 환경적 영향 저감과 함께 사회적 · 경제적 지속 가능성까지 포괄하는 통합적 접근이 요구된다. 세계경제포럼(World Economic Forum, 2025)은 포용적 AI 개발이 데이터 아키텍처 설계 단계부터 시작되어야 하며, 지속 가능성은 환경적 측면뿐 아니라 사회적 · 경제적 요소까지 포함하는 복합적 개념임을 강조한다. 이처럼 AI는 도시의 자원 관리, 에너지 최적화, 환경 모니터링 등에서 지속 가능성을 향상하는 핵심 도구로 부상하고 있지만, 기술 발전과 함께 윤리적 · 환경적 책임을 동시에 고려하는 정책적 · 제도적 노력이 병행되어야 한다.

AI 윤리와 정책적 과제

AI 기반 장소 만들기가 공정하고 포용적인 방향으로 발전하기 위해서는 다양한 윤리적 · 정책적 과제의 체계적 해결이 요구된다. 쿠구룰로 등(Cugurullo et al.,2024)은 "AI 도시주의"가 효율성 극대화에 치우칠 경우, 사회적 포용성과 공공성, 민주적 거버넌스와 같은 근본적 가치가 약화될 수 있음을 경고한다. 실제로 AI가 도시 공간의 설계와 운영에 깊이 관여할수록, 그 의사 결정 과정이 시민과 이해관계자에게 얼마나 투명하게 공개되고 설명될 수 있는지가 중요한 정책적 쟁점으로 부상하고 있다. 특히 AI 시스템의 투명성과 설명 가능성 확보가 점점 더 중요해지고 있다. 공간 계획과 디자인에 활용되는 AI 알고리즘의 의사 결정 논리, 데이터 처리 과정, 결과 도출 방식은 이해관계자들에게 명확하게 공개될 필요가 있다. 예를 들어, 유럽위원회(European Commission, 2024)가 제시한 헬싱키의 참여형 도시 계획 사례에서는 생성형 AI가 설계 과정에서 시민과 사업자 간 협업을 촉진하고, 단계별로 AI의 판단 근거와 의사 결정 과정을 시민이 직접 확인할 수 있도록 설계되어 있다. 이러한 시스템은 시민의 신뢰를 높이고, 의사 결정의 정당성을 확보하는 데 기여할 수 있다.

알고리즘 편향과 데이터 대표성 문제 역시 간과할 수 없다. AI 시스템은 학습 데이터에 내재된 사회적 · 문화적 편향을 그대로 반영하거나, 특정 집단의 특성을 과소 · 과대평가할 위험이 있다. 이로 인해 소수자나 취약계층에게 불리한 공간 환경이 조성되거나, 도시 내 불평등이 심화될 수 있다. 다양한 인구 집단을 포괄하는 대표성 있는 데이터 수집, 편향 감지 및 완화 알고리즘의 도입, 지속적인 성능 모니터링과 평가 체계가 필요하다. 실제로, 네덜란드 암스테르담시는 'AI 등록제(Algorithm Register)'를 도입해 시에서 활용하는 모든 AI · 알고리즘 시스템을 시민이 직접 열람할 수 있도록 하고, 각 시스템의 목적, 작동 원리, 책임자, 데이터 출처 등을 투명하게 공개하고 있다. 이런 정책은 시민의 신뢰와 감시, 그리고 공공의 책임성을 높이는 대표적 사례로 평가받는다.

디지털 격차 해소 역시 포용성을 확보하는 데 중요한 정책 과제 중 하나다. 싱가포르는 '스마트네이션' 정책의 일환으로 디지털 리터러시 교육, 공공 와이파이 확대, 취약 계층 맞춤형 디지털 기기 지원 등 다양한 접근성 강화 정책을 추진하고 있다. 특히 'Silver Infocomm Initiative (시니어 정보통신 역량 강화 프로그램)'와 같은 프로그램을 통해 고령층 등 디지털 소외 계층이 AI 기반 도시 서비스에 쉽게 접근할 수 있도록 교육과 지원을 병행하고 있다. 따라서 AI 기반 장소 만들기의 공정성, 투명성, 포용성을 실질적으로 실현하기 위해서는 기술적 혁신뿐 아니라 제도적·사회적 인프라 구축과 시민 참여 중심의 거버넌스 강화가 함께 이루어져야 한다. 이는 단순한 기술 도입을 넘어, 도시 공간의 본질적 가치와 사회적 신뢰를 높이는 방향으로 정책이 설계되어야 함을 시사한다.

전문 인력 양성과 실행 전략

AI가 장소 만들기 분야를 변화시키면서 관련 전문가들

의 역할과 필요 역량도 함께 진화하고 있다. 미래에는 AI 도구를 효과적으로 활용하면서도, 인간만의 창의성과 공감 능력을 발휘할 수 있는 전문가가 더욱 중요해질 것이다.

AI와 인간 디자이너 간의 협력은 기술과 창의성의 결합을 통해 디자인의 질을 향상하는 기회를 제공한다. 오텐그라펜 등(Othengrafen et al., 2025)은 AI가 디자이너의 작업 효율을 높이지만, 설계의 본질적인 측면에서는 여전히 인간의 감성적이고 정서적인 판단이 필요함을 강조한다.

이러한 맥락에서, 융합형 교육과정 개발이 필수적이다. 디자인, 기술, 사회과학을 아우르는 학제 간 교육 프로그램을 통해 AI 시대에 적합한 미래 전문가를 양성해야 한다. 또한 기존 전문가들이 AI 도구를 효과적으로 활용할 수 있도록 지속적인 교육 기회를 제공하고, 자동화로 인해 영향을 받는 직군의 전환을 지원하는 정책도 필요하다.

단기적으로는 AI 윤리 가이드라인 수립과 전문가 교육 프로그램 개발이 우선되어야 하며, 다양한 이해관계자의 참여를 촉진하기 위한 디지털 플랫폼 구축과 파일럿 프로젝트를 통한 모범 사례 축적이 필요하다. 중기적으로는 포용적 AI 개발을 위한 제도적 기반 마련과 학제간 융합 교육과정의 도입·확산, 지속 가능성 평가 체계 구축이 요구된다. 장기적으로는 AI 기반 장소 만들기의 사회적 영향을 종합적으로 평가하고 정책을 지속적으로 개선하는 시스템, 그리고 글로벌 협력 네트워크 구축이 중요하다.

결론적으로, AI 시대의 장소 만들기는 기술적 혁신과 인간적 가치, 그리고 사회적 책임이 조화롭게 어우러질 때 비로소 그 잠재력을 온전히 실현할 수 있다. 앞으로 우리는 AI를 단순한 도구가 아닌, 인간과 공동체의 삶을 풍요롭게 하는 동반자로 삼아 더 포용적이고 지속 가능한 도시 공간을 함께 만들어 가야 할 것이다. 이러한 변화의 여정에서 다양한 혁신적 시도들은 중요한 출발점이자 실험장이지만, 궁극적으로는 인간의 존엄성과 공동체적 연대, 그리고 미래 세대를 위한 책임 있는 설계가 AI 장소 만들기의 중심 가치로 자리매김해야 한다.

참고문헌

박신희(2025). 《디자인 인문학과 인공지능》. 커뮤니케이션북스.

AI for Good. Helsinki and Amsterdam launch AI registers to detail city systems.
https://aiforgood.itu.int/helsinki-and-amsterdam-launch-

ai-registers-to-detail-city-systems/

Cugurullo, F. et al.(2024). The rise of AI urbanism in post-smart cities: A critical commentary on urban artificial intelligence. *Urban Studies, 61*(4), pp.847~868.

European Commission(2023). Reimagining Helsinki: Participatory urban planning with Generative AI. Interoperable Europe – Public Sector Tech Watch. https://interoperable-europe.ec.europa.eu/collection/public-sector-tech-watch/reimagining-helsinki-participatory-urban-planning-generative-ai

Luo, J. et al.(2025). A perception-powered urban digital twin to support human-centered urban planning and sustainable city development. *Cities, 156*, 105473. https://doi.org/10.1016/j.cities.2024.105473

OpenGov Asia(2025.6.21). Hong Kong: AI and Robotics Power Smart Elder Care Facility. OpenGov Asia. https://archive.opengovasia.com/2025/06/21/hong-kong-ai-and-robotics-power-smart-elder-care-facility/?c=kr

Othengrafen, F. et al.(2025). From vision to reality: The use of artificial intelligence in different urban planning phases. *Urban Planning, 10*, 8576. https://doi.org/10.17645/up.8576

World Economic Forum(2025.5.22). Designing more inclusive AI starts with the right data architecture. https://www.weforum.org/stories/2025/05/inclusive-ai-data-architecture/

박신희

홍익대학교(서울) 광고홍보과에서 브랜드매니지먼트 전공으로 석사학위를, 같은 대학원 시각디자인 전공으로 미술학 박사학위를 취득했다. 박사학위 논문은 "트랜스미디어 스토리텔링을 통한 장소 만들기 연구: 앙리 르페브르의 《공간의 생산》 중심으로"이며, 홍익대학교 미술디자인·공학연구소 선임연구원을 지냈다. 브랜드 컨설팅 및 디자인 분야에서 20년 넘는 실무 경험을 바탕으로 융합 디자인 연구소 '메타필리아(Metaphilia)'를 설립·운영하고 있으며, 현재 경복대학교 시각디자인학과 겸임교수로 재직 중이다. 《AI 디자인 개념과 과제》, 《디자인 인문학과 인공지능》 등 다수의 저서를 집필했고, 디자인 및 브랜드 전략 방법론에 관한 다양한 연구 논문을 발표해 왔다. (사)한국브랜드디자인학회 AI융복합분과 상임이사, (사)한국시각정보디자인협회 AI분과 간사로 활동 중이며, 공공디자인 진흥위원회 위원 및 여러 학술지의 논문 심사위원으로도 참여하고 있다. 주요 연구 분야는 디자인, 브랜드, AI, 장소, 미디어이며, 이론과 실무의 연결, 다학제적 접근을 통해 새로운 통찰을 제시하는 것을 연구 철학으로 삼고 있다.